U0129471

guide

德勒兹哲学词汇

Le vocabulaire de Deleuze

［法］弗朗索瓦·祖拉比什维利　著
(François Zourabichvili)

董树宝　译

重庆大学出版社

目　录

参考书目与缩写

AŒ   *Capitalisme et schizophrénie*, t. *I* : *L'anti-Œdipe*, avec Félix
Guattari, Minuit, 1972 ; rééd. augmentée, 1973.
《反俄狄浦斯》导论部分译文(董树宝译)分别以《反俄
狄浦斯·欲望机器(上)》、《反俄狄浦斯·欲望机器
(中)》、《反俄狄浦斯·欲望机器(下)》为题发表在《上
海文化》2015 年第 8 期、2016 年第 6 期、2018 年第 8 期。

B   *Le bergsonisme*, PUF, 1966.
《柏格森主义》,安靖译,上海:上海人民出版社,2023 年。

CC   *Critique et clinique*, Minuit, 1993.
《批评与临床》,刘云虹、曹丹红译,南京:南京大学出版
社,2022 年。

D   *Dialogues*, avec Claire Parnet, Flammarion, 1977 ; rééd.
augmentée, Champs, 1996.

《对话》,董树宝译,郑州:河南大学出版社,2019 年。

DR   *Différence et répétition*, PUF, 1968.

《差异与重复》,安靖、张子岳译,上海:华东师范大学出版社,2019 年。

E   *L'épuisé*, in Samuel Beckett, *Quad et autres pièces pour la télévision*, Minuit, 1992.

《竭尽》

ES   *Empirisme et subjectivité*, PUF, 1953.

《经验主义与主体性》

FB-LS   *Francis Bacon. Logique de la sensation*, La Différence, 1981, en 2 vol. rééd. Le Seuil, 2002.

《弗兰西斯·培根:感觉的逻辑》,董强译,桂林:广西师范大学出版社,2011 年。

ID   *L'île déserte et autres textes*, Minuit, 2002.

《〈荒岛〉及其他文本:文本与访谈(1953—1974)》,董树宝、胡新宇、曹伟嘉译,南京:南京大学出版社,2018 年。

IM   *Cinéma 1. L'image-mouvement*, Minuit, 1983.

           《电影Ⅰ:运动–影像》,黄建宏译,台北:远流出版公司,
2003 年。

           《电影1:运动–影像》,谢强、马月译,长沙:湖南美术出版
社,2016 年。

IT   *Cinéma 2. L'image-temps*, Minuit, 1985.

           《电影Ⅱ:时间–影像》,黄建宏译,台北:远流出版公司,
2003 年。

           《电影2:时间–影像》,谢强、蔡若明、马月译,长沙:湖南
美术出版社,2004 年。

Kplm   *Kafka. Pour une littérature mineure*, avec Félix Guattari, Minuit, 1975.

           《卡夫卡:为弱势文学而作》,参见《什么是哲学?》,张祖
建译,长沙:湖南文艺出版社,2007 年。

LS   *Logique du sens*, Minuit, 1969.

           《意义的逻辑》,董树宝译,上海:上海文艺出版社,2024
年。

MP   *Capitalisme et schizophrénie*, t. 2 : *Mille plateaux*, avec Félix

Guattari, Minuit, 1980.

《资本主义与精神分裂(卷 2):千高原(修订译本)》,姜宇辉译,上海:上海人民出版社,2023 年。

N   *Nietzsche*, PUF, 1965.

《尼采》,王绍中译,上海:上海人民出版社,2020 年。

NPh   *Nietzsche et la philosophie*, PUF, 1962.

《尼采与哲学》,周颖、刘玉宇译,郑州:河南大学出版社,2016 年。

QPh   *Qu'est-ce que la philosophie ?*, avec Félix Guattari, Minuit, 1991.

《什么是哲学?》,张祖建译,长沙:湖南文艺出版社,2007 年。

P   *Pourparlers*, Minuit, 1990.

《在哲学与艺术之间:德勒兹访谈录(全新修订版)》,刘汉全译,上海:上海人民出版社,2020 年。

PS   *Proust et les signes*, PUF, 1964. Nous citons la réédition augmentée de 1970.

《普鲁斯特与符号》,姜宇辉译,上海:上海译文出版社,
2008 年。

PSM   *Présentation de Sacher-Masoch*, Minuit, 1967.
《萨赫-马索克介绍》

PV   *Périclès et Verdi. La philosophie de François Châtelet*, Minuit, 1988.
《伯里克利与威尔第:弗朗索瓦·夏特莱的哲学》

SPE   *Spinoza et le problème de l'expression*, Minuit, 1968.
《斯宾诺莎与表现问题》,龚重林译,北京:商务印书馆,
2019 年。

SPP   *Spinoza. Philosophie pratique*, Minuit, 1981.
《斯宾诺莎的实践哲学》,冯炳坤译,北京:商务印书馆,
2004 年。

· *Politique et psychanalyse* (avec F. Guattari), Des mots perdus, 1977.
《政治与精神分析》

- *Le pli*，Minuit，1988.

  《褶子:莱布尼茨与巴洛克风格(修订译本)》,杨洁译,上海:上海人民出版社,2021 年。

- « L'immanence：une vie »，in *Philosophie*，n° 47，Minuit，1995.

  《内在性:一种生命》

- Cours partiellement disponibles en transcription sur le site de R. Pinhas (www. webdeleuze. com)，en enregistrement à la BNF.

  部分可自由使用的课程以誊写方式发布在 R. 品哈斯(R. Pinhas)的网站(www.webdeleuze.com)上,以录音形式存放在法国国家图书馆(BNF)。

- *L'abécédaire de Gilles Deleuze*，3 cassettes，éd. Montparnasse，Arte Vidéo，1997.

  《吉尔·德勒兹 ABC》

前 言

1

"字面上"：德勒兹的哪个听众不会保存对这种语言嗜好的回忆？而且在其明显的微不足道的情况下，怎么就理解不了对某一姿态不知疲倦的、近乎难以觉察的追忆？这一姿态是构成有关"包含析取"（disjonction incluse）、"单义性"（univocité）和"游牧分配"（distribution nomade）的整个哲学的基础。就其本身而言，德勒兹的著作处处都显示出同样的、持续的警告[1]：不要把那些不管表象如何但真就不是的概念当作隐喻；应该理解隐喻这个词本身就是一个诱饵、一个伪概念，它的爱好者和它的蔑视者都在哲学上被这个伪概念欺骗，而且"诸生成"（devenirs）或意义生产的整个系统是对这个伪概念的驳斥。至于德勒兹的言语所展开的这个奇怪而混杂

1　可随机举一些例子：*DR*，235、246、257；*AŒ*，7、43、49、100、165-166、348、464；*Kplm*，40、65、83；*D*，9、134、140、169；*MP*，242、245-246、286-292、336、567；*IT*，32、78、238、315；*CC*，89；等等。

的系列，有见识的听众的确能用他们的地籍（cadastre）来予以反对，而且从中只会找到转义。他们仍然秘密地接受对"字面上"的持续否认，接受那些将他们的倾听置于本义与转义的既定划分之下的劝诱。根据德勒兹与加塔利赋予"迭奏"（ritournelle）的意义，为了内在性的土地和完全拘泥于字面意义而"放弃领土"，应该将这种审慎的标记——令人烦扰的、一直习以为常且一直令人困惑的诉求——称作"迭奏"吗？让我们假设阅读德勒兹的著作就是倾听"字面上"的诉求，即便只是断断续续地倾听。

2

我们还不熟悉德勒兹的思想。无论是出于敌意还是出于崇拜，我们往往都表现得好像熟悉他所使用的概念，好像我们只要被这些概念打动就足以认为我们无须细说就能理解它们，或者好像我们早已粗略地研究过它们所做出的承诺。对哲学而言，这种态度一般是站不住脚的：首先是因为概念的力量有着与字句诱惑的效果混淆不清的危险，这种效果无疑不可归于哲学领域，但又理所当然属于哲学领域，可是它不能实现概念所囊括的逻辑运动；其次是因为这等于让哲学去抵御德勒兹的新颖性。

这就是为什么我们无须忍受有关德勒兹的研究专著的泛滥之

苦;相反,我们缺少一些可靠的专著,也就是说缺少一些阐述他的概念的作品。因此,我们绝不排斥那些带有德勒兹名字的书,也绝不排斥任何即便是反常的用法,只要这种用法具有自己的必要性。然而,我们认为,只有德勒兹的概念在它们的真正内容上被更好地认识、被认真地对待,这样一些用法才会增多并多样化,而它们的真正内容要求那些对其而言总是不容易产生也不容易猜测的奇特运动的精神。人们有时认为,阐述概念属于学校答辩的范围,而这是针对自身且基于自身实现概念的运动。也许如今的哲学经常对虚假的抉择感到苦恼:阐述或使用,而且也对虚假的问题感到苦恼:感觉是过于精确的研究方法等于让当前的作者成为经典作家。因此不必惊讶的是,哲学作品往往一方面被划分成脱离现实的注释,另一方面又被划分成雄心勃勃但从高处获得概念的试验。甚至艺术家、建筑师、社会学家在他们工作的特定时刻会使用德勒兹思想的某个方面,如果这种使用不是装饰性的,那么他们就不得不为了自己的需要阐述德勒兹的思想(至于这种沉思是否采用书写形式,那就是另一回事了)。的确,事物只有以这种方式才会发生改变,一种思想才会被它的新颖性打乱,而且将我们引向我们对之没有思想准备的地方——那些不是作者的而恰恰是我们的地方。因为,如果我们不会产生一种与我们的思想密切相关的经验,那么我们就真的不会阐述他人的思想,直到在同化和变形不再相互区分精确度的条件下中止或继续评论。

因为有另一个假问题，即针对作者的"外部的"或"内部的"方法的假问题。时而有人会指责思想研究本身是内部的，注定是枯燥乏味的说教和传教；时而有人会怀疑思想研究本身截然不同于一种难以矫正的外部性、一种被假定的随意性视点、一种与这种思想内在的和难以言喻的搏动所具有的选择性亲缘关系。我们乐意说概念的阐述是对一种与思想的相遇的唯一保证。这不是这种相遇的施动因素，而是这种相遇在交感与奇特的双重条件下得以实现的机遇，与无知和可以说是先天性的浸入截然相反；因为从另一种生命重启这种思想的种种困难、必要性突然出现，同时因为忍受枯燥乏味的耐心变得没完没了。阅读文本时的心跳是一种必要的先兆，而更好的是一种为了进行理解而要求的意气相投；但这只是理解的一半，如德勒兹所说的那样，是概念的"非哲学理解"的部分。这一部分真值得被强调，因为哲学在大学里的实践几乎有序地排除了这一部分，而业余爱好在相信自身培育了这一部分时也将它与某种当时的信念（doxa）混淆起来。但是，概念如果不具有相应的"情动"（affect）和"知觉对象"（percept）就不具有意义和必然性，尽管如此，概念还是除此之外的其他东西：精神如果想探讨哲理就必须实现逻辑运动的一种凝缩，否则就会停留在对字句的最初迷恋上，当时精神错误地将这种迷恋当作直觉式理解的不可缩减的部分。因为正如德勒兹所写的那样，"需要三者来创造运动"（*P*, 224）。如果我们在德勒兹的著作中没有预感到可思考的、还尚未是的和我们的确尚未估量哲学如何觉得自身受其影响的某种东西——由于没有让我们以哲学的方式受到哲学影响，那么我们就不需要德勒兹。

3

对德勒兹而言，似乎没有任何东西比一本逐个解读他的概念，同时强调概念的相互蕴涵的小词典更合适的了。首先，德勒兹自己喜欢给有关概念的概念提供它经常在哲学中缺少的分量和精确（*QPh*, 第 1 章）。概念不是主题，也不是对主题做出判断的特殊意见。每个概念都具有思考行为的性质，而思考行为会移动可理解性的领域，更改我们为自己提出的问题的条件；因此，概念没有任何凭自己在一个为了与它的竞争者进行愉悦的或挑衅性的讨论而被提前提供的共同理解的空间中规定它的位置。然而，如果存在着仅仅针对常识的错觉的一般或永恒的主题，那么哲学史不就被简化为一系列同音异义词吗？哲学史与其说探讨"先验经验论"（empirisme transcendental），不如说见证着变量的突变。

而且德勒兹本人曾三度撰写词典；我们将会回想起"尼采的主

6

要人物的词典"(*N*,43-48)、"《伦理学》的主要概念的索引"(*SPP*,第4章),最后是《千高原》的"结语"。《千高原》的结语与导论("导论:块茎")之间的共鸣强调了这一点:字母顺序的任意性是避免在概念之间多重嵌套的联系之上叠加理性的人为顺序的最有效方法,而理性的人为顺序改变了必然性在哲学中的真正地位。

　　每个词条都以一个或几个引文开始:在大多数情况下,重要的与其说是定义,不如说是对概念所涉及问题的概述,以及对概念的词汇语境的预感。首先是晦涩的句子应随着词条的展开而被阐明、完善,词条提出一种由词所绘出的草图。至于入口的选择,它当然可以被不完全地讨论:为什么是"并合"(complication)而不是"抽象机器"(machine abstraite)——但后者是拘泥于字面意义上的提问法所必要的概念? 为什么是"流–切断"(coupure-flux)而不是"编码与公理系统"(code et axiomatique),是"战争机器"(machine de guerre)而不是"童年聚块"(bloc d'enfance)? 我大概不能论述详尽;某些词条,例如"内在性平面"(plan d'immanence),在我看来值得深入研究;但我也必须依靠我阅读德勒兹著作的暂时且未能抵达的状态(由此出现了最显然的脱漏——电影的概念)。我提出了一系列"样本",就像莱布尼茨喜欢说的那样,但也像德勒兹通过惠特曼所说的那样(*CC*,76)。

装配

Agencement

* "根据第一水平轴，装配有两个节段：一是内容，二是表达。一方面，它是物体（corps）、能动和被动的机器性装配，是彼此相互反作用的物体的混合；另一方面，它是有关行为和陈述的陈述行为的集体性装配，是被归属于物体的非物体性的转化。然而，按照定向的垂直轴，一方面，装配具有界域性的侧面或再域化的侧面，后者稳定着装配；另一方面，装配还具有解域化的点，后者带走装配。"（*MP*, 112）[1]

** 乍一看，这个概念似乎具有一种宽泛的、不确定的用法：它根据情况诉诸那些极其界域化的建制（司法的、夫妻的、家庭的

7

1　该书作者的引文及其引文页码存在一些错误，译者参照德勒兹的法文著作译出，不再另行注释。——译者注

装配等)、解域化的各种隐秘形成(生成-动物等),最终诉诸这些形成在其中被转化的经验领域(作为"运动-影像的机器性装配"的内在性平面, *IM*, 87-88)。因此,人们首先将近似地说,每次人们都能辨认和描述一组物质关系与一簇相应符号之间的结合,人们就面对着装配。实际上,装配的各情况之间的歧异性(disparité)可以从内在性的视点找到其赋序自身的方法,由此实存显示出与那些不断产生歧异性的、可变的和可更改的装配不可分离。与其说歧异性具有模棱两可的用法,不如说歧异性因此诉诸概念本身的不同极点,尤其是概念本身禁止欲望与建制、不稳定与稳定的任何二元性。每个个体都与这些被特殊编码界定的大规模社会装配打交道,而且它们以相对稳定的形式和再生产的运行为特点:它们往往将其欲望的实验领域逼向形式上预先确定的分配。这便是装配的层化极点(人们因此将其称作"克分子式的")。不过另一方面,个体投注和参与这些社会装配的再生产的方式取决于局部的、"分子式的"、个体本身被捕获其中的装配,或者个体仅限于实现社会关系上可自由使用的形式、根据现行的编码模塑他的实存,个体将其无关紧要的不合规则性引入其中,或者个体不由自主地、探索性地构思一些固有的装配,它们"解码"被层化的装配,或者"使之逃逸":这就是抽象机器的一极(艺术装配应该算作其中之一)。任何装配,因为它最终诉诸它在其中被建构的欲望领域,所以它被某种不平衡影响。总之，我们每个人都在不同程度上具体地结合两种装配类型，因为极限是作为过程的精神分裂症（解码或绝对解域化）和问题是不同类型之间的具体的力量关系（参见词条"逃逸线"）。假如建制是一种建立在分子式装配基础之上的克分子式装配（由此出现了政治上的分子式视点的重要性：林林总总的立场、态度、程序、规则、时空布局，它们导致具体的融贯性或者导致建制、国家官僚主义或政党在柏格森意义上的绵延），个体就自身而言并不是一种在世界里就像在一种外部装饰或一组个体乐于对之起作用的与料（donnée）中一样进行演化的原初形式：个体只有被装配时才被建构，个体只有一上来就被卷入装配之中才会实存。因为个体的经验领域摇摆在其对可预想的（因而是社会的）行为和思维的形式的抑制与其在内在性平面上的展开之间，个体的生成在内在性平面上不再与其在"诸事物"之中所描绘的逃逸线或横贯线相分离，同时释放出它们的影响力，并由此重新拥有感觉与思考的力量（因此通过此性产生个体化方式，这种个体化通过可辨认的特征区别于个体的定位——*MP*，318 *sq.*）。

装配概念的两极因此不是集体的东西与个体的东西：毋宁说是集体的东西的两种意义、两种方式。因为装配如果真是个体化的，那么它显然不会从一个能归于己身的、预先存在的主体的视点被陈述；本义因此与匿名相称，并在这一点上，某个人的独特生成

8

才理应涉及每个人(正如病人的临床诊断图表能接受医生的专有名词,医生知道如何将症状与专有名词联系起来,尽管他本人是匿名的;艺术也是如此——参见 *PSM*,15;*D*,153)。因此,人们将不会误解与"机器性装配"相应的"陈述行为的装配"的集体特性:它不是经由集体产生,但本性上却为了集体(由此就出现了经常被德勒兹引用的、保罗·克利对"有缺陷的民众"[un people qui manque]的吁求)。正是在这一点上,欲望才是真正的革命潜力。

* * * 装配概念从《卡夫卡》开始就取代了"欲望机器"的概念:"欲望只有被装配或被机器化时才存在。在被规定的装配之外,在没有预先存在的但本身必须被建构的平面上,你们并不能把握或构想欲望。"(*D*,115)这是重新强调内在于欲望的外部性(而非外部化):任何欲望皆来自相遇。这样的陈述只不过在表面上是一种自明之理:"相遇"在严格意义上被理解(如此多的"相遇"只是那些使我们诉诸俄狄浦斯情结的陈词滥调……),而欲望没有将相遇期盼为它演练的机缘,但它在其中被装配或被建构。尽管如此,装配概念的主要兴趣在于以陈述的问题式丰富欲望的构想,同时在《意义的逻辑》丢弃事物的地方对其予以重启:任何意义生产在《意义的逻辑》中都通过悖论性的层级将两个异质系列的连接作为条件,而且语言一般只有根据事件的悖论性地位才被假设能够发挥作用,而事件将物体混合的系列与命题的系列联系起来。《千高原》投向了两个系列得以连接的平面,并且为斯多亚学派关于物体混合与非物体性转换的二元性提供新意义:一种复杂的关系建立在"内容"(或"机器性装配")与"表达"(或"陈述行为的集体性装配")之间,它们被重新界定为两种独立的但在互为前提的关系中被掌握的形式,而且它们彼此重新启动;两种形式的相互发生诉诸"图表"或"欲望机器"的层级。这不再是像刚才那样在两极之间的摇摆,而是不可分离的两种方面之间的关联。相对于能指—所指的、被认为是派生的关系,表达与内容有关,但并不由此描述内容,也不再现内容:表达"干涉"内容(MP,109-115,以封建制度的装配为例)。由此引起一种对语言的构想,它对立于语言学和精神分析学,且以陈述之于命题的优先性著称(MP,第4高原)。应该补充的是,表达形式必然与语言无关:例如,有些音乐装配(MP,363-380)。如果有人在此仅限于语言表达,那么什么样的逻辑在内容与表达发生的平面上并因而在它们相互影射的平面上决定着内容与表达("抽象机器")?首先是"此性"的逻辑(强度的、情动的和速度的合成物——对《反俄狄浦斯》构想的有意义的延展,立基于析取综合和"部分对象");其次是注重不定式动词、专有名词和不定冠词的陈述行为的逻辑。所有这两点都在艾翁的维度上进行沟通(MP,318-324——尤其是小汉斯的例子)。最后,正是围绕着装配概念,德勒兹与福柯的关系才能被评估,即他对福柯转弯抹角

10

的借用、将这两个思想家重新联系起来的邻近和间距的运作(*MP* ,86-87、174-176;整部《福柯》都被建立在装配概念的不同方面之上)。

艾翁

Aiôn

＊"根据艾翁,只有过去和未来在时间中坚持存在或继续存在。不是现在吸收过去和未来,而是未来和过去在每个瞬间划分现在,同时在两个方向上无限地将现在再划分为过去和未来。或者更确切地说,正是没有厚度和广延的瞬间才将每个现在再划分为过去和未来,而不是广泛的、有厚度的现在包含着彼此相关的未来和过去。"(LS,192-193)

＊＊德勒兹使斯多亚学派关于艾翁与柯罗诺斯(Chronos)的区分重获尊重,以便思考事件的外-时间性(或如人所偏爱的那样是其悖论的时间性)。以"永恒"(éternité)对译"艾翁"的通行翻译导致了模棱两可的操作:实际上,瞬间特有的永恒,就如同斯多亚学派对它的构想那样,它只具有一种内在的意义,与后来基督教的

永恒定义无关（这也将是尼采重新阐释斯多亚学派的**永恒回归**主题的关键）。艾翁与柯罗诺斯形成对立,柯罗诺斯是指编年学的或相继的时间,其中时间的前后在包含性的现在的条件下有序排列,如人们所说的那样,一切在这种现在中发生（德勒兹在这一点上与海德格尔展开竞争,海德格尔曾在"先行决断"的名义下质疑了从奥古斯丁到胡塞尔的现在的优先地位[1]）。根据第一种悖论,事件是那种只有被包含在语言之中时才会如此持存的、从此使语言得以可能的、来自世界的东西。但还有第二种悖论:"事件总是一种死去的时间,其间什么都没有发生"（*QPh*,149）。这种死去的时间就是艾翁,它在某种程度上是一种非-时间,还被命名为"间隔"（entre-temps）。在这一层面上,事件不再仅仅是事物之间或事物状态之间的差异,它影响着主体性,它将差异带入主体本身之中。如果事件被称作一种在意义秩序中发生的变化（直到现在仍对我们产生意义的东西变得无关紧要,甚至变得晦暗不明,从今往后我们对之敏感的东西从前没有产生意义）,那么我们必须得出的结论是

11

---

1 参见《存在与时间》,第 61 节及其后。对《存在与时间》第 65 节阐述的三种时间性的"出神"做出回应的是《差异与重复》（第二章）的三种时间综合,其中过去与未来的直接关系以及可能物的时间地位也完全是决定性的,但在与海德格尔的视角不相容的政治伦理的视角上被有区别地构想。为了快速地概览那将德勒兹与海德格尔进行对立的分歧,我们将比较的只是他们有关命运的各自概念（*DR*,112-113;《存在与时间》第 74 节）。对德勒兹立场的理解必须以对《差异与重复》（三种时间综合）、《意义的逻辑》（柯罗诺斯与艾翁之间的对立）和《时间–影像》（柯罗诺斯与克洛诺斯[Cronos]之间的对立,第四章——参见词条"时间的晶体"）的相关解读为前提。

事件不会在时间中发生,因为事件影响着编年学的条件本身。事件宁可标记着顿挫、切断,就如同时间为了在另一个平面上重启才中止一样(由此产生了词组"间隔")。由于德勒兹构想了事件的范畴,所以他展示了时间与意义的最初联系,也就是编年学一般只有根据其各部分共有的意义的视域才是可思考的。由此对象性的、外在于体验的与对时间的多变漠不关心的时间观念只是对这种联系的概括:它将"常识"作为关联物,即在再现的同一平面上展示事物或实际经验的无限系列的可能性。就像"间隔"一样,事件不会自行消失,既因为事件是纯粹的瞬间、前与后的分裂或分离的点,又因为与事件相符的经验是一种"已经无限逝去的无限等待、等待与储备"(QPh,149)的悖论。这就是为什么艾翁与柯罗诺斯之间的区分没有延续永恒与时间的基督教-柏拉图式的二元性:没有关于时间来世的经验,只有受艾翁影响的时间性的经验,其中柯罗诺斯的法则不再占优势。这是"事件的无限时间"(MP,320)。非-时间在时间中的这种经验是"漂浮的时间"(temps flottant)的经验(D,111),"漂浮的时间"还可以被说成是死去的或虚空的,与基督教的临在的时间截然不同:"这种死去的时间并没有紧随发生的事情而至,它与意外之事的瞬间或时间共存,但表现为无限广阔的虚空时间,在这一虚空时间中,我们以一种对智性直觉的怪异冷淡看到它有待到来和已然来临。"(QPh,149)这也的确是概念的时间性

12

（*QPh*,150-151）。

    * * * 在艾翁的名义下,事件概念标记着域外（dehors）被引入时间,或标记着时间与不再外在于时间的域外之间的关系（与永恒及其超越性相反）。换言之,事件的外-时间性是内在的,而且在这一名义下是悖论性的。如果这一域外真的使时间与自身分离开来,那么人们能以什么理由来支持这种域外是在时间之中呢?人们立刻认识到,只援引事件的时空实现的必要性是不够的。答案包含着两个时刻:(1)事件必然诉诸一种像这样不可逆转的时空实现,事件在这一意义上是在时间之中的（*LS*,177）。作为不相容的两个项之间的悖论性关系（先/后,第二个项促使第一个项"逝去"）,事件实际上蕴含着它在逻辑上所悬置的排斥。(2)事件是时间的内部差异、时间析取的内部化,事件在这一意义上是在时间之中的:事件将时间与时间区别开来,没有必要在时间之外构想事件,尽管事件本身不是时间性的。因此,重要的是掌握多重性概念,就如同"事物"仅仅通过它的多变而非根据一种归摄它的划分的共同属才有统一性那样（在单义性和析取综合的名义下,"内部差异"概念在概念结构本身的层次上实现了域外被置于里面的这一程序,参见 *LS* 第 24、25 系列）。这一理念还在谈及时空实现之外没有事件时被表达出来,尽管事件没有被简化为这一点。总之,事件被铭记在时间之中,而且它是分离的现在的内部性。并且德 13

勒兹不满足于时间与事件的二元论，但他探寻了时间与它的域外的更为内部的联系，还尽力指出了编年学源自事件，他指出事件是开启任何编年学的原始层级。与胡塞尔及其后继者不同，事件或者时间的发生按照复数进行性数格的变化。的确，重要的是继续让域外包含在时间之中，否则事件将依旧是它在现象学家的著作中所是的那个样子：一般敞开时间的独特超越性、一个逻辑上在任何时间之前而非——如果人们能够说的话——在变成多重性的时间之间的层级。在现象学的推理中，逻辑上不止一个独一无二的事件，即**创造**的事件，即使它不断地重复发生：世界和历史的基本同质性未受损害（在德勒兹的著作［*LS*，199、299］中对"一个唯一且相同的事件"的祈求回到了对所谓"析取的"多的直接综合或内部的差异，而且必须谨慎地与作为整体的和包含的意指的**一**相区别，即便**一**在一与多划分的这个方面被构想，就像海德格尔的"本体论差异"一样，参见 *QPh*，91）。然而，不能肯定的是，时间与除了时间之外的其他东西之间的划分还为事件的名誉辩护。因此，我们回到德勒兹开头的条款，即时空实现之外没有事件，尽管事件没有被简化为这一点。

并合

Complication

＊"某些新柏拉图主义者采用一个深奥词来指先于任何发展、任何展开、任何'外展'的原初状态：并合，它把多包含于一之中，并肯定多之中的一。在他们看来，永恒不是变化的缺席，甚至也不是无限制的实存的延伸，而是时间本身的并合状态……"（*PS*,58）

＊＊并合概念包含着与该词的两种用法相对应的两个层面。它首先表达了一种状态：彼此被包含或被内含其中的种种差异（歧异系列、视点、强度或奇异性）的状态（*LS*,345-346）。因此，并合是指共-内含、相互内含。这种状态符合潜在的体制，其中析取被"包含"或者是"包含在内的"，而且与现实的体制相对立，后者以诸事物与它们的排斥关系（要么……要么……）之间的区分为特征：因此它不受矛盾律支配。并合因而定性着第一种多重性，即所谓有

14

强度的多重性。这就是作为"混沌"的世界的逻辑本身(*DR*,80、162-163、359;*LS*,245-346)。

* * * 但更加深刻的是"并合"表达着从潜在到现实(外展、发展、展开)和从现实到潜在(内含、内展、内卷——德勒兹将在他著作的第一部分谈论晶体化)这两种相反运动的综合的运作(*PS*,58;*SPE*,12;*Le pli*,13)。德勒兹总是强调这两种运动不是相互对立的,而是相互关联的(*PS*,110;*SPE*,12;*Le pli*,9)。让它们彼此包含的是并合,因为并合肯定着一在多中和多在一中的内在性。人们将不会把被并合的诸项的相互内含和一与多的相互蕴含混淆不清,如同并合使其发挥作用的那样。两种(潜在的与现实的)多重性的关系源于此,这种关系表现出最初的二元论对一元论的超越,同一的**本性**在一元论中游移在两极之间:在多在外展的状态中是一的意义上,多内含着一;在一在并合的状态中是多的意义上,一内含着多。并合概念的重要性因此是明确的:这个概念在新柏拉图主义的历史本身中与从**一**中获得的至上权力形成对立;在不可分离或共-内含的特殊体制的条件下,这个概念将多带进起源(这种特点使德勒兹区别于现象学、海德格尔,但也最终区别于德里达)。同样清楚的是这个概念所表达的运作,这种运作将现实化和重新分配、分化和重复的两种运动彼此联系起来,其相互依赖的运转根据德勒兹的观点是为了提供世界的完整表达。新柏拉图主义的"皈依",与一向多的"行列"相反,的确不能在多的内部导致再分配的运动;这还不是它的目标,因为它在一的完满性中瞄准回归,一之于多的未分化和冷漠标明超越性。完全不同的是向作为并合的一的回溯(多的统一或直接综合、纯粹的"分化者"),因为并合从内部作用于任何现实的事物,并将任何现实的事物向潜在的、被并合的、其所内含的整体性敞开。并合逻辑在此与存在的单义性的论题相关联,而存在的名称往往在生成的可分化的名字面前被擦除。

无器官身体

Corps sans organes（CsO）

＊"在有机体之外,但也作为体验的身体的界限,存在着阿尔托发现并命名的东西:无器官身体。'身体是身体/它独自存在/而且不需要器官/身体从不是有机体。有机体是身体的敌人。'与无器官身体相对的不是器官,而是被叫作有机体的器官的这种组织。这是一种强烈的、具有强度的身体。有一道波贯穿它,这道波根据其振幅的变化而在身体中划出层次或界限。身体因此没有器官,但有各个界限或层次。"(*FB-LS*,47)

＊＊乍一看卡罗尔的"反常"与阿尔托的"精神分裂症"趋向于同一的两种临床集合的区别在《意义的逻辑》中可以引出德勒兹指责精神分析所忽略的无器官身体的范畴:针对其身体的分割与

被简化为语音价值的词使之承受的身体侵犯,精神分裂症患者通过其"呼吸-尖叫"来回应那些变得不可分解的词语或音节的连接,与之相符的是没有区别的器官的丰满身体的新体验。因此,无器官身体就如《千高原》不断删节的那样是一种主动的、有效的防御,是精神分裂症特有的一种征服,但在一个所谓的"深度"区域中起作用,在这个区域中,通过维持身体与词语之间的本性差异来确保意义的"表面"组织无论如何都是没有希望的(LS,第13、27系列)。

16　　《反俄狄浦斯》在这一点上呈现出一个转折点:无器官身体的观念在《反俄狄浦斯》中被重新推敲,根据一种新出现的、"欲望机器"概念从中得出的临床材料,而且它获得了某种复杂性,后者允许德勒兹根据单义性和游牧分配的主题来第二次面对他思想的重要问题:一边是形式的现实化,一边是使世界遭受不断再分配的内卷,如何超越柏格森来连接实存的两种相反但又互补的动力?[1](这个问题将第三次与迭奏概念一起被处理)。

　　＊＊＊ 这一更正针对的是这一点:无器官身体反对的与其说是器官,不如说是有机体(诸器官的有组织的运行,其中每个器官

---

[1] 阿兰·巴迪欧恰当地谈论了"关于两种运动的运动",参见《德勒兹的生机论的本体论》,载于《简论暂时的本体论》(Court traité d'ontologie provisoire),巴黎:瑟伊出版社,1998年,第63-64页。

各就其位,都被指定了一种可予以识别的职责)。无器官身体不再
是精神分裂症患者特有的实体,而是精神分裂症患者将之变成极
端体验的欲望的身体本身,他首先是欲望的人,因为他最终只会遭
受其欲望的过程的切断(《反俄狄浦斯》的大部分内容致力于得出
区别于临床崩溃的精神分裂过程的这一维度)。无器官身体当然
诉诸身体体验(vécu),但不诉诸现象学家所描述的日常体验;它不
再涉及一种稀缺的或奇特的体验(尽管某些装配能在含糊不清的
条件下触及无器官身体:毒品、受虐癖等)。它是"被体验的身体的
界限"、"内在性的界限"(MP,186、191),因为身体被不可简化为现
象学意义上的体验的"情动"或"生成"所贯穿时任由自身走向这
种界限。它也不是本己身体(corps propre),因为它的生成打乱自
我的内部性(MP,194、200、203)。尽管它是无人称的,但它仍然在
一种经验中是获得专有名词的场所,这种经验超越了对"与其能做
的东西相分离的"欲望所进行的被调节和被编码的操练。之所以
无器官身体不是被体验的身体而是后者的界限,是因为它诉诸一
种很难活不下去的力量本身,即一种始终进行的和从未停留在形
式上的欲望的力量:生产-产物的同一性(AŒ,10-14——这些段落
只有在亚里士多德《形而上学》第6章暗含的论战的背景下才会被
完全理解)。因此,除了在精神分裂症患者的紧张症的情况中,不

17

存在无器官身体本身的经验。人们可以理解无器官身体乍一看是不和谐的双重性:作为欲望的条件,它仍然是被包裹在欲望的整个过程之中的"死亡的模型"($A\!Œ$,14,尤其是第393页——也正是在这个意义上,任何感觉才包裹着强度 = 0,参见 $A\!Œ$,394;$FB\text{-}LS$,54)。对器官而言,无器官身体既是"排斥力"(有机体进行沉淀所不具有的条件,以致机器无法运行)又是"吸引力"(机器-器官在无器官身体上被记录为同样多在本身上划分它的有强度的状态或层次)($A\!Œ$,394)。抑或还是处于生产中心的反生产的层级($A\!Œ$,14-15)。这就是更早被提及的两种力本论的脆弱连接——因为它在本性上险些触及自行破坏,这一连接被命名为实在、欲望或生命的生产(人们同时理解欲望机器为什么"只有在发生故障时才会运行")。

流–切断（或被动综合，或静观）
Coupure-flux（ou synthèse passive, ou contemplation）

＊"切断非但不与连续性相对立，它还规定着连续性，它牵涉
或界定着其作为观念的连续性所切断的东西。这是因为任何机器
如前所述都是机器的机器。只有就机器被连接到另一台被假定生
产流的机器而言，机器才产生流的切断。无疑这另一台机器转而
确实是切断。不过，它只与第三台机器有关，这第三台机器在观念
上——就是说相对地——产生连续的、无限的流。"（AŒ,44）

＊＊流与切断在《反俄狄浦斯》中形成了同一个既棘手又基本
的概念。它们并不诉诸本体论的二元论或本性差异：流不仅仅被
切断它的机器拦截，它本身也被机器发送。因此，只有唯一的本体
论术语"机器"，而且这就是为什么任何机器都是"关于诸机器的机
器"（AŒ,7）。无限回归在传统上是思想失败的迹象：亚里士多德

18

将第一个项的必要性与它相对立("应该停止"),在古典时代只有当从上帝的视点使它从属于现实的无限时才接受它。回归性在德勒兹的哲学中具有一种积极价值,因为它是悖论性的内在论主题的必然结果,按照内在论主题,关系是首要的,起源是配对:它变成肯定的对象,它提供一种方法论保证来反对某种向根据(fondement)的错觉的回归(存在之实在划分的错觉,作为思维的超越性参照)。确实不存在那不是产物的所予(donné),所予一直是从一种被称为"歧异"的配对中涌出的强度差异(DR,154-155、286-287;AŒ,384;MP,457 sq.)。甚至知觉的两个术语——主体与对象——也是来自一种像它们以对方为前提条件一样相互分配它们的配对:眼睛在这一意义上只是一台在抽象意义上与其相关物(光)分离的机器的零件。胡塞尔错过被动综合(synthèse passive)的真正定义:因为此定义要诉诸的正是这样一些配对、这样一些初级的"静观"或"收缩"(DR,96-108);然而,假如配对达到发生的程度,那么这种发生就必然回归无限,同时意味着给回归平反昭雪。被动综合被革新的概念在《反俄狄浦斯》中以"欲望机器"的名义转到第一个层面,其中它所包含的不稳定或变形的原则得以具体化(AŒ,34——这条原则在有关单义性的发展中被命名为"加冕的无政府状态")。这就是说所予从不是由流构成,而是由流-切断的系统构成,换言之是由机器构成(AŒ,7——"流的本体论"的表达,有人偶尔用这种表达总结《反俄狄浦斯》的体系,它是仓促的论战者的发明)。

* * *那么,为什么是切断与流的这种二元性?

(1)流-切断的系统是指"无意识的真正活动"(使流动、使切换;*ACE*,388),是指构成配对的补充功能,而"部分对象"——不再像在梅兰妮·克莱因的著作中一样与分裂的、丧失的整体有关——是这一整体的各项、"无意识的最终元素"(*ACE*,386),后者在配对中相互规定,一方面作为流的源头或发送者,另一方面作为接收器官。因此,人们将不会对这种悖论感到惊讶:从其发送的流上提取的来源-对象。这是因为对象发送流,只是为了能切断流的对象(由此在整部《反俄狄浦斯》中就有了嘴-乳房的机器的象征情况,尤其是第 54-55 页)。器官-对象转而能够为了另一对象而被掌握为流的发送者(参见反复出现的嘴的例子,第 11、44 页等,尤其是在厌食症的情况下;*ACE*,7、388)。人们将总是回想起流与切断的相对性。

(2)"欲望促使流动、流动与切断"(*ACE*,11):切断并不是流动的对立面(制造障碍),而是某物流动的条件;换言之,流只有被切断才会流动。那么"切断"是什么意思?确切地说是流的流出状态,它连续的或分节的、多少自由的或收紧的流量。这些过于二元论的意象还是不充分的:按照那种将确定其特征的切断方式,流将

19

是千篇一律的,或反而是无法预料的、突变的。切断概念因此是有区别的:编码是一种切断,"精神分裂症"是另一种切断。基本的误解在此将可能抓住精神分裂的流,后者为了一种避开任何切断的流"跨越障碍和编码",并"流动起来,不可抵制"(*AŒ*,156、158):这可能忘记机器的优先性与精神分裂症名字本身(劈开行为、分岔:*AŒ*,109、158)。编码类型的切断着手选择或排除,与之相对立的是精神分裂症,作为生成或相遇之特点的包含析取(德勒兹与加塔利并没有将精神分裂症简化为紧张症的脱根据化,他们从中提取了过程、欲望的自由生产)。《千高原》在区分了三种"线"时将修改切断与流的概念(第8、9高原)。

时间晶体（或无意识晶体）

Cristal de temps（ou d'inconscient）

＊"晶体-影像可能有许多不同的元素，它的不可化约性在于一种现实影像与'其'潜在影像的不可分割的统一。"（*IT*, 105）"说到底，想象是一种与实在对象彼此相连的潜在对象，反之亦然，以便构成无意识晶体。实在对象、实在风景令人想起相似的或相邻的影像，这是不够的；它应该抽离出它自己的潜在影像，与此同时，作为想象的风景，这种潜在影像沿着两个项之中的每个项追随另一个项、与另一个项交换的回路来融入实在。'错觉'是由这种重复或二分性、这种聚结构成的。力比多的轨迹可以在无意识晶体中看到。"（*CC*, 83）"构成晶体-影像的是时间最基本的操作：既然过去不是在其所曾是的现在之后形成，而是同时形成，那么时间应该在每个瞬间分为现在与过去，它们本质上相异或归于同一，时间

将现在分为两个异质的方向：一个冲向未来，另一个跌入过去。时间应该分裂为两个不对称的流束，一个使整个现在逝去，另一个保存着过去。时间就在于这种分裂，而且人们在晶体中看到的就是这种分裂。"(*IT*,108-109)

＊＊这个概念是德勒兹最新的概念之一，呈现出某种差不多要浓缩他的整个哲学的难点。晶体是"实在的"经验的问题式的最终状态，而且呈现为一种对生成概念的深化。它首先证实的是，在任意一种生成（生成-动物、生成-女人等）中，被研究的不是项（人们所生成的动物或女人），而恰恰是生成本身，即欲望生产或实验的重新开动的诸条件。并不是莫比·迪克（麦尔维尔小说中最大的白抹香鲸）令亚哈感兴趣：亚哈追逐莫比·迪克，只是为了面对他自己的生命的出格，而且这是他的不理性品行的真正原因、真正逻辑、真正必然性(*CC*,第10章)。就其自身而言，小汉斯这么不太被弗洛伊德所理解，他对摔倒的、鞭打下挣扎的公交马车的马持有"错觉"，但这种错觉是双重的、晶体状的：孩子从他与马的关系中看到的是他的力比多的轨迹。由此，他积极解决他自己的问题（"陈述的解释"，载于《政治与精神分析》[*Politique et psychanalyse*]和 *MP*,第315、317页）。在这两种情况中，生成意味着栖居于内在性平面，实存如果没在其中让自己变成临床医生、如果没有绘出它的绝境与出路的地图就不会产生。

21

但读者不可能不遇到困难。"生成者"获得的这种纯粹所予似乎提前为了它与某种生命情境的特殊共鸣而被挑选。当然,镜子在此不会使生成者诉诸一幅自己的自恋影像;他的情境在其中被重复或被反思,但发生在一种对自我可做评估的静观的非冗余元素之中。有待理解的是,内心与景观如何建立起关系,如果实在经验以相遇的暴力和偶然为前提条件,为什么人们就不会就此遭遇任何人、任何事。德勒兹锻造晶体概念正是为了正视这种困难。

决定性的术语是二分性、交换、不可分辨性。首先,界定晶体的交换结构被建立在生成的两个项之间,由此建立了一种解放错觉的复象或镜子的关系。主体与对象的关系(小汉斯看到马)一上来就显得不足以描述某种情境,这种情境包含着不可分辨性的时刻,其中小男孩感到自己在马身上受罪,从后者的奇异性和偶性中反思他自己的情动(反之亦然)。这些的确是实在经验的诸条件:纯粹的所予与一个开启场域的预先实存的主体无关,也与那些可辨认场域的各部分的形式或功能无关。对预先实存的这种错觉只是来自可能经验的预先形成的所予先于接近实在经验的纯粹所予,后者只是由运动与运动差异、加速与减速的关系、"运动-影像"所构成。从此,在被建构的主体对他根据感觉和信仰看到的东西起作用的意义上,也不再有外在于所予的情动性:情动性不再与那些在平面上符合运动的力量分离。既不会冒着神人同形论的危险,也不会诉诸任何种类的移情,他不仅变得有可能而且变得有必要说,情动是平面的情动——换言之情动是相同的东西(因为仅仅从一种派生的视点来看,我们才可以说:这些是对我们产生影响的事物的效应)。"行程不仅与那些穿过环境的人混淆不清,而且与环境本身的主体性混淆不清,因为环境在那些穿过它的人身上被反映出来。地图表达路线与完成的行程的同一性。当对象本身是运动时,地图就与它的对象混淆起来。"(CC,81)

因此,人们低估了孩子的情感投注,每当人们从中看到对象性感知与想象性投射之间的配对而非在他的现实性与他自己的潜在影像之间看到实在的分裂(孩子的特权,即他在生成分析中的典范性,只因为他的经验还尚未被感觉-运动的陈套或模式所组织)。经验的晶体结构,因为现实只有在其在穿过平面的心理中被反思的纯粹性里才被给予:例如,由小汉斯从他的生成-马中所见到的马。没有独立于我们生成的、中性的所予。实在与想象、认知与谵妄的对立是次要的,而且抵制不了批判性质疑的内在论的转折点。

实在的这种晶状的二分性建立了一种"内部的回路",其中现实与它的潜在不停地交换、先后相传,它们"有所区别但不可分辨"(D,183; IT,95、108)。由对象性的特点和追忆所构成的、更宽泛的回路要插入其中:问题化的同样多的界限,在这些界限上,小汉斯和拉公交马车的马的各自装配在小回路的条件下能够沟通:马摔倒在路上/禁止路与危险;马的力量与驯养/自尊的－受辱的欲望;叮咬/抵制－不听话等。有误解可能会认为,错觉启动追忆:反而是错觉来自相互选择的一组对象性特点与一种精神意象之间的配对。而且错觉通过接连回溯对象而变得深刻,因为对象的新方面被揭示出来或在与新心理层的共鸣中呈现出来(*IT*,62-66、92-93)。这就是为什么马的烦扰是活跃的,而且不会发挥简单再现的作用:正是通过探索马能做什么、其情动的流传如何产生,儿童才能思考和估量其情境的所有的可变高度。

晶体因此是这一回路系列,而这一回路基于必然包含的实在的基本二分性而增殖;并且如前所述,人们从中会看到欲望的轨迹和它们的地图式的修改。但为什么人们归根结底从中看到时间?德勒兹在其著作从头到尾的论述中强调了两种完全异质的时间性的共存或同时代性(contemporanéité):我们的旅程或我们的实现在包含性现在中的年代性连贯、与它们相应的生成的潜在性过去或悖论性永恒(艾翁)。柏格森指出了从一种相继关系中设想现在与过去的习惯会导致什么样的绝境,过去继它不再是的现在而来,或作为从前的现在而先于现实:因为现在就只能是一种不再流逝的静止的实体,人们无论如何都把它想象为不断被另一实体所取代。因此,直到产生悖论之时,也应该接受现在流逝的这一明显事实:之所以现在完全在其是现在时流逝,是因为现在与它自己的过去是同时发生的(B , 54; DR , 111; IT , 106——人们可在 "童年聚块" 的奇特概念中重新找到同时代性这个主题,参见 $Kplm$, 141 $sq.$; MP , 202-203 、360)。实在的二分性由此是时间的二分性。尽管如此,尚不足以指出那基于唯一的现在构建过去的不可能性、把过去设想为一种夹杂着现在的次级时间性的必要性(按照柏格森的另一个论证,这种次级时间性以回忆的形式决定从前的现在的再现实化)。人们只有在通过时间的不断分裂来解释这种裂缝时才能完全解释现在的流逝:现在只因为过去增加深度层才先后排成直线;我们所有的实现似乎没有冲突地连接到唯一的包含性现在中,但在它们的表面连续性下造成了那些促使现在流逝的问题或情境的再分配。我们重新寻到心理层的、被牵扯进对象的复数发现之中的多重性:同样多接连的、在晶体中被觉察的地图。说晶体使我们看见时间,就是说它把我们重新引向它的持续的分岔。这不是柯罗诺斯和艾翁的综合,因为柯罗诺斯只是与它自己的潜在影像分离的抽象现实性的时间,只是一种 "总是已经的所予" (toujours-déjà-donné) 的相继次序。综合毋宁说是艾翁和摩涅莫绪涅 (Mnémosyne) 的综合,是纯粹所予的时间性的综合,是内在性平面上的绝对运动的综合,是这种时间性得以在其中层层迭起和减速的纯粹过去的各种层的多重性的综合。(就这样德勒兹在电影著作中才不会认为运动–影像被时间–影像或影像的晶体状态取消,因为电影在定义上仍然是"运动-影像的机器性装配",而他认为运动-影像以一种在多维上增加的影像的初级维度的名义持续存在于时间-影像中;另一方面他将运动-影像的电影称作一种按照迫使经验对感觉-运动的连接的一贯服从来使现实松开其潜在裂缝的电影)。德勒兹最终将这种综合命名为克洛诺斯(吞食自己孩子的泰坦的名字),况且还因为时间不断地重新开始,并重新开始它的划分,同时通过断裂接起来(*IT*,109)。

为什么将"纯粹的过去"称作这种在别处被描述为期待与确认的瞬间综合、顿挫的不定式的时间性(艾翁)?"纯粹的"修饰那只是逝去的过去,就是说不是从前的现在的过去、"从未是现在的过去"(*DR*,111)。它不会相对于当下的现在而被相对地界定,而是相对于其是过去或所曾是(l'avoir-été)的现在而被绝对地界定(这样我们就应该能理解这句套话:"过去不会紧接着其所不是的现在而来,过去与其所曾是的现在共存。"*IT*,106)。柏格森将过去称作"对现在的回忆":不是这一现在要变成的过去,而是这一现在的过去。它作为现在在其中逝去的元素是过去,并不是因为它要回到一种年代关系中的先前性。重要的的确是考虑这种对纯粹的过去的诉求在德勒兹那里诉诸生成的问题式,而不是记忆的问题式。在生成的名义下,德勒兹连续打发掉对历史与未来的忧虑(*P*,208-209)。

*** 晶体概念包含着隐喻的贬值，而隐喻本身与对想象概念的批评和修改不可分离。让我们回想一下基本图式：不是一种要对另一个影像进行重迭的次级影像，而是将唯一的影像分成原来彼此参照的两个部分的二分性。也许弗洛伊德认为小汉斯与马的关系涉及马之外的东西是对的；但这不是在小汉斯理解的意义上。小汉斯丰富而复杂的世界不是同一个故事（俄狄浦斯）的共鸣箱，而是无法预见的轨迹的增生性晶体。因此，应该取代精神分析的隐喻性解释是字面上的、"分裂－分析的"辨认。显然，"字面上的"不是说要对纯粹的现实的赞同（例如，好像卡夫卡著作的非隐喻性意味着它在虚构内容中耗尽了）。然而，想象对非实在的认同不能理解文学虚构在实在的隐喻性再现与梦中的任意逃避的交替之外可能是一种经验、一个实验场域。反之，与想象相对的实在似乎是纯粹认知的视域，其中一切都好像已经被认识的一样，几乎不再与陈套、简单的再现区分开。另一方面，如果人们将想象作为产物或创造在其所谓的晶体的状态中与现实－潜在的对子联系起来，那么现实是被经历还是被虚构（被想象）就变得无关紧要了。因为概念性的切割不再是一样的：人们在电影屏幕上看到的东西，作家叙述或描写的东西，儿童在对快乐和恐惧的探索中想象的东西，是现实的——或被给予的——就像"实在的"场景一样。重要的因而是现实与可能的潜在元素所保持的关系的类型。当现实被假定接

25

受其来自另一个影像的真实意义时,就存在着隐喻,而这另一个影像会自行现实化,但能自为地现实化(原始场景或幻象的类型——隐喻的根基是回忆)。当睡眠者的感觉不会在一种影像中现实化,而这种影像转而不在另一种影像中并由此在一种流变着的、超出任何隐喻范围的连续统中现实化时(IT,78),就存在着梦想。最终,当被经历的或被想象的现实和一种与之共想象的潜在不可分离,以至于人们能谈及"它自己的"潜在影像时,就存在着晶体。影像自行划分,而不是在另一种影像中现实化或另一种影像的现实化。

实在–想象(或实在–非实在)对子的这种向现实–潜在对子的移位剥夺了这样一种人提出的反对意见的任何融贯性,即他对德勒兹没有过渡就从儿童转向艺术家感到惊讶("艺术以自己的方式说出儿童说的东西。"CC,86——这并不意味着,像他不断令人想起的那样,儿童就是艺术家)。如果晶体废除实在与想象之间的错误对立,那么它应该同时给我们提供想象的真正概念与实在的真正概念:例如,文学作为有效的虚构,是影像的产物,但还是实在的产物或关于实在的产物,与生成的实在性连接的、被生成的实在性指引和认可的想象的谵妄(参见《卡夫卡》)。因为想象如果不再与实在相对立(除非在隐喻或任意幻想的情况下),那么它旁边的实在就不再是纯粹的现实性,而根据柏格森的词汇则是潜在与现实

26

的"聚结"。正是通过想象的路径,作品或儿童烦忧的晶体才使人看到实在本身。

也许人们现在可以更好地理解字面性的意思。整个疑问还一度在于现实与潜在的联系的外在或内在的本性:场景的再现或生成的轨迹。这是因为字面性不是本义("没有专有的词,也没有隐喻。"D,9):迫使想象-实在的二元性遭受抽象化侵袭的晶体同时动摇了某种被认为源自本义与转义的划分。正如针对主体与对象的对子一样,我们必须说:属性不是提前被分配的,本义与转义的区别只有在所予中才被确立(定居式的、错误起源的分配)。很显然的是,我们远非要鼓吹一种对词的本义使用的不灵活的固恋,字面性的偏见导致了对本义与转义的超越——内在性或单义性的平面,其中为其生成所折磨的话语不太担心它在"常驻的"神灵们看来是富有隐喻的。

解域化(与界域)

Déterritorialisation（et territoire）

* "解域化的功能：解域化是'人们'离开界域所经由的运动。"（MP,634）"与定性的标记相比，界域不是首要的，正是标记才形成界域。界域之中的诸功能不是首要的，它们首先假设一种形成界域的表达性。的确，在这种意义上，界域与运行于其中的功能是界域化的产物。界域化是变成表达的节奏的行为，或者是变成定性的环境成分的行为。"（MP,388）

** 术语"解域化"是出现在《反俄狄浦斯》中的新词，从此它便广泛地在人文学科中传播开来。但它没有独自形成概念，而且只要我们没有将它与其他三个元素联系起来，它的意义就仍然是模糊的：界域、土地与再域化——在其实现迭奏概念的说法中形成的集合。人们可以区分出相对的解域化，它在于以不同的方式进行再域化,在于改变界域(不过,生成不是改变,既然没有生成的期限或终结——在此可能存在着与福柯的某种差异);而且人们可以区分出绝对的解域化,它相当于在抽象线或逃逸线上存在(如果生成不是改变,那么任何变化反之就包含着一种这样被掌握的、使我们避免再域化影响的生成:参见《意义的逻辑》第21个系列的事件的"反实现"概念和《千高原》第8个高原的"发生了什么?"的问题)。这是在"解域化"是"解码"之代名词的《反俄狄浦斯》中占优势的图式。然而,"再域化"问题已经被提出来,它导致了一直要到来的和尤其要建构的"新土地"的论战主题,反对许诺的或祖传的任何土地、法西斯类型的过时的再域化(AŒ,376-384、306-307)。

在《千高原》中,这个图式变得复杂、精练,围绕着与土地关系的双重性的强调——**故乡**的深邃与游牧生活的光滑空间——从此也影响界域。不但编码的僵化不再解释界域的所有类型,而且再域化自此以后作为任何解域化的相关方而被充分接受,一旦再域化不必再在严格意义的界域上而是当再域化是绝对的时候在非划定界限的土地上被实现:游牧式装配,作为悖论性的界域的荒漠或草原,其中游牧"在解域化本身上进行着再域化"(MP,473——相对-绝对的差异对应着历史与生成的对立,因为绝对的解域化是欲望与思想的时刻,QPh,85)。这种重点转移开启了通向迭奏概念的路径。

＊＊＊ 通过取道动物行为学而不是取道政治学,界域概念当然蕴含着空间,但不在于对地理学意义上的地点的对象性划界。界域的价值是实存的:界域为每个人划定熟悉的、吸引人的场域,标出与他人的间距,并防御着混沌。空间与时间的隐秘投入意味着物质的(参见词条"装配"的融贯性)与情动的(我的"力量"成问题的边界)不可分离的这种划界。界域的轨迹分配着内外,有时被动地被感知为经验的不可触摸的边线(焦虑、耻辱、抑制的点),有时能动地作为它的逃逸线并因而作为经验的领域被萦绕着。在《反俄狄浦斯》中,界域并没有与编码区分开来,因为界域首先是固定性与围栏的标志。在《千高原》中,这种固定性也不过是表达了一种与界域的被动关系,而且这就是为什么界域在这本著作中变成了一个有区别的概念(第 396 页):"由领域、住宅构成的标志",不是由主体构成的标志,界域是指属性或占有的关系,同时是间距的关系,任何主体性认同所针对的方面——"一种比存在更深邃的存有"(MP,387)。作为专有名词,我只有根据"我的"(mien)或"在我之中"才能获得意义(MP,393、629)。这种适应价值是与可感的质性的"生成-可表达"(devenir-expressif)相互关联的,这些可感的质性就像不可分离的变奏一样融入迭奏的作品,即便间距的标记——决定点——甚至在动物身上显得先于任何功能性(MP,387-397;QPh,174)。界域因此是装配的主体化维度——并且当只

29

有往外、只有抓住外部时才有亲密性,来自一种先于任何主客体划分的静观(参见词条"流-切断"和"内在性平面")。这种最初的存有(avoir),德勒兹首先以"习惯"或"静观"的名义(*DR*,99-108)将之主体化。概念发生了改变,就像环境与界域的区别所证明的那样(*MP*,384-386)。尽管受困于装配与迭奏的逻辑,但存有的动机往后有助于基本的实践问题的界定,即离开界域:界域承受着与奇特者的何种关系,承受着与混沌的何种邻近?它的终结程度,或者相反,它的渗透性程度(筛子)在域外(逃逸线、解域化的点)如何?所有界域并不具有同样的价值,如前所述,它们与解域化的关系并不是简单的对立。

生成

Devenir

* "生成从不是摹仿,不是仿着做,也不符合原型,即便原型源自正义或真理。没有一个可由之开始的项,也没有一个可被接触或应该被接触的项。不再有互换的两个项。'你生成什么?'的疑问是极其愚蠢的。因为伴随着某个人生成,他生成的东西与他自己一样发生变化。生成不是摹仿的现象,也不是同化的现象,而是双向捕获的现象、非平行演化的现象、两个领域之间的联姻的现象。"(*D*,8)

* * 生成是欲望(欲望机器或装配)专有的内容:欲求就是经受种种生成。德勒兹与加塔利从《反俄狄浦斯》起就对生成予以陈述,但只有从《卡夫卡》开始才让生成成为一个特殊概念。首先,生成不是一般性,不存在一般意义上的生成:人们不可能将这个概念

(对具体而又总是奇异的实存进行精微临床教学的工具)简化为世界在其普遍的流溢中心醉神迷的领会——哲学上空洞的奇迹。其次，生成是一种实在性：生成远不属于梦或想象的范畴，而是实在的融贯性本身（关于这一点可参见词条"时间晶体"）。为了正确理解生成，重要的是考虑生成的逻辑：任何生成都形成"聚块"，就是说两个相互"解域化"的异质项的相遇或关系。人们不会抛弃人们所是的东西来生成其他事物（摹仿、认同），但活着或感觉的另一方式萦绕着我们的生成或被包裹在其中，并"使之逃逸"。关系因此调动四个在相互交织的异质系列中被重新开启的项，而不是两个项：包含着 y 的 x 生成 x'，而在这种与 x 的关系之中被抓住的 y 生成 y'。德勒兹与加塔利不断强调过程的逆向性和不对等：x 不会生成 y（例如动物），而 y 自身却不会生成其他事物（例如写作或音乐）。不应被混淆在一起的两种事物在此被交织在一起：a)依据任何装配的两个方面，（一般情况）被迫相遇的项被拖入一种生成-可表达（可相遇的项所经受的新强度的相关物［内容］）之中（参见"人人生成只是分子的动物"主题，MP, 337）；b)（受限制的情况）被迫相遇的项轮流是可遭遇的可能性，就像在共同演化的情况下一样，以至于双重的生成从每个方面发生（参见黄蜂与兰花的例子，MP, 17）。生成总之是装配的各个极中的一个极，即内容与表达在"抽象机器"的构成中倾向于不可分辨物的那个极（由此就有了把"像一只垂死的老鼠一样写作"等表达当作非隐喻的可能性，*MP*, 293）。

　　* * *《卡夫卡》和《千高原》阐述了生成的等级。这种等级不亚于其所赋序的清单，它只能是经验性的，同时来自一种内在的评估：动物性、儿童性（enfance）、女人味等不具有任何先天的特权，但这种分析指出欲望比任何其他领域更倾向于投注它们。光是指出它们相对于大多数认同的模型（人—成人—男人等）具有同样多的相异性是不够的，因为它们绝不是作为可选择的模型、替代的形式或编码被提出来的。动物性、儿童性、女人味因它们的相异性或绝对解域化的参数而具有价值，同时向形式的彼处敞开，后者不是混沌而是所谓的"分子式的"融贯性：因此，知觉截取的是有强度的变异（速度在非形式元素之间的构成），不是形式的划分（"克分子式的"集合），而情动性摆脱陈词滥调和惯常僵局（参见词条"逃逸线"）。可以动物为例：同样，动物不是这样可补充到家庭成员之中的、可被驯服的和令人亲切的个体；它与一种甚至是潜在的猎犬群（任意一匹狼、任意一只蜘蛛）不可分离，它只有通过其所呈现出来的强度、奇异性、活力才具有价值。我们与动物之间的直接关系不是与一个人、他可辨认的坐标和他的角色之间的关系；这种关系中止可能物之间的二元划分、对形式与功能的承认。然而，建立起一种与动物之间的亲密关系或赋予动物某些神话属性的可能性本

31

身,从解域化的视点指出一种与动物之间关系的界限(*Kplm*,66-67;
MP,294)在生成的类型之间,选择的标准只能是内在的目的:在每
种情况下,生成在何种程度上表现自身? 生成-儿童和生成-女人
似乎由此比生成-动物走得更远,因为它们趋向于生成项甚至在其
中不再是可确定的第三等级,趋向于一种不再适合最少承认或解
释的"非意指性"(asignifiance),并且"发生了什么?"、"它如何运
转?"等疑问肯定对"这是什么意思?"具有决定性的影响:在拒绝意
指-意义的混淆与属性的定居式分配中,不是对意义的抛弃,反而
是意义的生产能力。这第三等级,尽管不再有辨证法的推进或封
闭的系列,但可被称作"生成-强度"、"生成-分子"、"生成-不可感
知"、"生成-任何人"(参见 *Kplm*,第 2、4 章;*MP*,第 10 高原)。

游牧分配（或光滑空间）

Distribution nomade（ou espace lisse）

＊"这是一种有关流浪甚至有关'谵妄'的分配，事物在其中被展开在单义性的、未分割的**存在**的整个广延上。不是存在根据再现的要求被分割，而是所有事物在单纯在场的单义性中被分布于存在之中（一-**整体**）。"（*DR*,54）

＊＊划分封闭空间与在开放空间中进行分布、给人分配一种从此被划分为部分的空间与将人分配到一种未分的空间之中，上述两者之间的差异首先具有一种田园牧歌式的意义（希腊人的礼法[nomos]在意指法则之前首先诉诸放牧活动，参见 *DR*,54 和 *MP*,472）。德勒兹通过隐喻将之运用于（创造性的与再现性的）思维的两种状态的差异吗？肯定不是，因为礼法的两种社会历史价值（游牧的和定居的生存方式）轮流蕴含着这种差异。这是因为思

维在其本身的最隐秘处受空间所影响,并根据时而是"光滑的"时而是"条纹的"抽象空间或根据两者的可变混合而被构思(参见对空间与外延的莱布尼茨式区别的平反昭雪,这种区别是两种空间的最初草样,不过将在"无器官身体"的概念中被拓展:*DR*,293-314;*MP*,189)。因此,具体的"原型"的开放清单将被草拟,而区别在其中起作用:技术的、音乐的、数学的,等等(*MP*,第14高原)。

　　* * * 哲学为什么首先被关涉着?

　　有些人想象那些已经被给出的、被安置在星空中的永恒问题和概念,我们只应该在星空中探索它们:这些人根据定居的或固定的分布来进行推理。又或者:我们相信思想根据渐进式展开的次序而前进;我们想象柏拉图以来的所有伟大哲学家都要在大写真理(LA vérité)的法庭前遭受审判。好像存在着一种外在于任何独特分布的客观分布:这样一种信仰属于超越性范畴。另一方面,我们似乎被奉献给各领域的理念,指出"固有的"用法的对象的意指和"转义的"用法的可能性(例如,好像"疾病"或"监狱"等词的意义在它们用于指称的具体事物状态的参照中被耗尽)。既然不承认意义的内在游牧的特点,不接受意义字面上的漂移的权利,那么我们就给它规定围墙,而且我们的理解行为全都渗透着一种未被言明的地籍,而哲学被其特有的必要性和严格性所孕育,这种地籍使我们在最好的情况下将哲学所诉求的语义迁移判断为无能为力的,而在最坏的情况下将其判断为不诚实的:例如,科学理念的非科学用法(好像科学本身在其发明的时刻并没有持久合理地进行这样的引进……)。

坚决肯定偶然的思想完全是另一回事:不是因为这种思想将任意幻想的权利对立于必然性(没有人比德勒兹对必然性主题更敏感,并在所有可接受的观念之外探究必然性概念:*PS*,24-25、116sq.;*DR*,181-182),但这种肯定使思想不要受骗于一种在与原始的和超越的划分的关系中被探究的、思想只能假设的必然性(根据的定居式错觉)(*LS*,第10、12系列)。游牧分配的掷骰子的未划分空间还显示出一应在何种意义上按照德勒兹的观点被理解:尽管阻止每个人封闭自身和屈从于那被提取的和被分有的一的幻景,但不会相对于再分配的多重性来撤销那深刻影响存在或特殊实存的任何方式的逃逸线或解域化之线(一之于多的优先性在德勒兹的著作中并没有推论出什么意义)。正是在这种意义上,游牧者与其说是由他像移居者一样的移动所界定,不如说是由定居在光滑空间的事实所界定(荒漠或草原——*MP*,472)。光滑空间终究是内在性或存在单义性的平面(*QPh*,39)。

先验经验论
Empirisme transcendental

　　*"一种官能的先验形式与其分离的、高级的或超越的演练浑然一体。'超越的'绝不意味着官能求助于世界之外的种种对象，反而意味着官能在世界之中把握那专门关涉它并使它诞生在世界之中的东西。之所以超越性演练不该在经验性演练上被移印，恰恰是因为它领会那从常识的视点不能被把握的东西，常识对所有官能的经验性用法进行估量，以那在所有官能合作的形式下归属于每种官能的东西为根据。这就是为什么先验本身应由一种高级经验论裁决，唯有这种经验论能够探索先验的范围和诸区域。因为与康德所相信的东西相反，先验不能从普通的经验形式中被归纳出来，就像这些经验形式出现在常识的规定之下那样。"(*DR*, 186)

34

＊＊德勒兹最一般的问题不是存在而是经验。正是在这种批判的或先验的视角下,柏格森和尼采才得以被讨论。这两种研究具有下述诊断的共同点:康德懂得如何创建经验的条件的疑问,但他诉诸的条件限定是对可能的而非实在的经验的条件限定,而且继续外在于他所规定的东西(NPh,104;B,17)。这两种研究诉求于对这种疑问同样的极端化:思考那些"不比受条件限制者更广泛的条件",即"高级经验论"的关切(NPh,57;B,17、22,且已经出现在《柏格森的差异观念》中,ID,49)。同时,德勒兹通过尼采和普鲁斯特呈现了一种"新型的思想影像",围绕着"思考不是天生的,而应是在思想中被孕育的"观念(DR,192):由此出现了非自愿性、符号暴力或与迫使思考的东西相遇等主题,以及被提升至先验位置的愚蠢的问题(NPh,118-126;PS,114-124)。所有这些主题再次出现在《差异与重复》(94、180-200、364)中,被新论据增补:康德的过错就是"以先验之物来对经验之物进行移印",通过给先验之物赋予与对象的形式相关的意识主体的形式(DR,176-177、186-187;LS,119)。正是如此,官能学说才被平反昭雪(参见上述引文,以及PS,122),而无人称的、由前个体的奇异性构成的先验领域的观念才被陈述(LS,121、133)。

但德勒兹的斯宾诺莎主义呢?既然存在的单义性的著名论题介入其中,它不是来自一种截然不同的、本体论的灵感吗?德勒兹注意到斯宾诺莎的悖论是使经验主义服务于理性主义（*SPE*,134），并且构建了一个马上以"内在性平面"之名与改动过的先验领域相一致的纯粹经验的平面（*MP*,310-311；*SPP*,第 6 章；*QPh*,49-50——单义性存在的逻辑，其中每种存在物，即纯粹差异，只有在与它自己的极限的关系中才与其他事物相较量，与官能学说的逻辑联合起来）。德勒兹因此回归柏格森，并将《物质与记忆》的第一章开头解读为某个内在性平面的创立（*IM*,83-90；*QPh*,50）。但为什么看起来会如此轻易地从先验风格滑向本体论风格？例如，后者援用"**存在**-思维、**自然**-思维的纯粹的内在性平面"（*QPh*,85）这种印象来自下述观点，即不再有原初的**自我**，以便标出两种话语之间的边界。[1] 人们不会就此重新讨论一种有关世界之自在的独断理论，更不会重新讨论一种在康德意义上的知性直觉形式：内在性只不过是主体边界的出口，而自在只不过是差异的自在，其派生的和游牧的主体经历着各种等级（包含析取的逻辑——关于这种转变，参见 *IT*,110；关于直觉，参见词条"内在性平面"）。以一种风格或另一种风格来进行言说变得无关紧要：关于潜在或奇异性的本体论也只不过是"实在的"经验的描述工具而已。

　　＊＊＊（1）先验经验论首先意味着对经验的条件的发现本身

35

1　此处可能是阐述德勒兹与海德格尔的分歧之处（从笛卡尔开始，使存在与经验相互关联的要求为胡塞尔所更新、激化；正是由于海德格尔，使本体论话语有效的经验才第一次不再与原初主体有关，同时不再恢复"明见性"）。

假设了一种在严格意义上的经验:不是官能的日常的或经验性的演练,因为经验性的体验的与料未向思维提供它能做什么,但这同样的、遭遇极限的官能面临着那在它自己的唯一能力中挑拨它的东西(例如,哲学在其中发现自身遭遇唯一概念,而不是遭遇意见或反思)。因此,不仅批判哲学应该变成经验论的,而且经验论——"把概念视作相遇的对象"(DR,3)——只有在上升到先验时才实现它的使命。人们也能理解为什么临床或文学的材料的应用倾向于取代现象学的直接体验:这种应用内在于稀缺的但日常不受拘束的、苛求适当的符号学虚构这种经验。(2)先验经验论然后意味着诸条件从不是一般的,但按照格进行变化:由此产生了最重要的陈述,诸条件根据这种陈述不可能比它们所限定的东西更广泛。这种陈述乍一看似乎使法适应于事实而取消了法与事实的区别(这可能对揭示先验之于经验的"移印"的东西而言是顶点)。它的实在意义是我们从不能针对任何的经验提前言说,除非它错过其基本的变异、内在的奇异性,且除非将一种太笼统的话语应用于它,以便不将概念和事物置于一种相互冷漠的关系之中。因此需要一种特别的概念:一种"造型原则",如同**强力意志**(NPh,57)或**记忆-绵延**(《柏格森的差异观念》,ID,51、60-61)一样,微分的或内在分化的原则,其中每个等级都指称一种有关实存与思维的模式、一种生命可能性(参见词条"内在性平面")。

36

事件
Événement

＊"因此有人会问什么是事件的意义：事件就是意义本身。事件本质上属于语言，它处于一种与语言的本质性关系之中；但语言是用来形容事物的东西。"（*LS*,34）"在每个事件之中，的确有实现的现在时刻，事件体现在事物状态、个体、人称中的时刻，有人边说边指称的时刻：哦，到时候了；而且事件的未来和过去只有根据这一确定的现在、从体现它的事件的角度才会被评判。但另一方面还有从自身被把握的、避开现在的事件的未来和过去，因为此种事件摆脱事物状态的限制，因为它是无人称的和前个体的、中性的，既不是一般的也不是特殊的，即唯一事件……或者说，它不拥有其他的现在，只拥有再现它的动态瞬间的现在，后者总是被二分为过去—未来，由此形成理应被称作的反实现。在一种情况下，正是我 37

的生命才让我觉得对我来说太脆弱,才在一个与我的确定关系中变成现在的点上进行逃离。在另一种情况下,恰恰是我对生命而言才太脆弱,恰恰是生命对我而言才太强大,到处抛掷它的奇异性,既与我无关,也与一个作为现在的、可规定的时刻无关,除了与无人称的瞬间有关,后者被二分为尚未到来的未来与已经逝去的过去。"(LS,177-178)

＊＊事件概念诞生于一种起源于斯多亚学派的区分:"别将事件混淆于它在事物状态中的时空实现"(LS,34)。说"刀切入肉中",就是表达一种非物体性转化,后者在本性上不同于相应的物体之混合(当刀实际上、物质上进入肉中)(MP,109)。依据排他性析取的原则,物体之中的实现(事件的具身化或现实化)仅仅导致两种事物状态(前—后)的相继,而语言汇集两种事物状态的差异、它们的析取的纯粹瞬间(参见词条"艾翁"):应该由语言实现事件的析取综合,而且正是这种差异才制造了意义。

不过,事件从语言之中寻求庇护,人们不应由此断定事件的语言性质,仿佛事件只是物体之混合在另一个平面上的对等物:临界线一方面没有穿过语言与事件之间,另一方面也没有穿过世界与其事物状态之间,但穿过了对语言与世界关系的两种解释之间。根据前者,由逻辑学家所期望,关系确立于语言被简化的命题形式与世界从此被简化的事物状态形式之间。不过,德勒兹要纠正这种双重的变性作用所进行的区分同时转入语言与世界：事件的悖论就这样是纯粹"可表达的"，只不过是世界及其事物状态的"属性"，因而相应的命题与事物状态的二元论没有在事件的平面上被重新发现，事件在其归属于世界的同时只在语言中持续存在。因此，事件同时属于两个方面，例如语言中区别于命题的东西和世界中区别于事物状态的东西。甚至更妙的是，事件一方面是意指的双重分化者，另一方面是事物状态。因此也就出现了潜在—实在的对子（与在更小程度上是问题—答案的对子）应用于事件概念。因此也就有了事件被承认的优先性所导向的两条路径：符号和意义的理论、生成的理论。一方面，德勒兹反对把意指构想为充实的实体或明确的与料，后者仍沉浸于现象学与有关"本质"的整个哲学之中（物或本质的世界没有自主地创造意义，它缺乏作为差异或事件的意义，后者只是使意指变成可感的，并在思维中孕育着意指）。由此就产生了那针对风格或句法创造的兴趣以及如下主题：概念，确实是为了自身在语言（langue）中得以释放的事件，它不包含命题（QPh, 26-27、36-37）。另一方面，德勒兹概述了一种关于反-实现或生成-不可感知的伦理学（LS, 第 21 系列；MP, 第 8、10高原），后者立基于任何实现的事件性的、"非实现的"部分的释放过程。总之，事件不可分离地是句子的意义和世界的生成；它是有关世界的、任凭世界自身被包裹在语言之中并容许语言发挥作用

38

的东西。因此,事件概念在《意义的逻辑》中得以阐述。

　　＊＊＊我们有依据把事件的思想和存在的滋味对立起来吗?或者相反,我们有依据把两者混淆起来吗? 在德勒兹的思想中,事件限于两个层次:思想得以思考的条件(与迫使思考的、被内在性平面切分混沌的域外相遇)、思想的特殊客观性(平面仅仅聚集事件或生成,每个概念是事件在平面上的建构)。而且,如果没有思考方式同样是产生经验、思考存有之物(ce qu'il y a)的方式,那么哲学就不接受其事件性的条件,哲学想从此条件获得它自身的必然性的保障,与此同时不会提出对纯粹的、本身是事件性的所予的描述。如若愿意的话,且暂时地,让我们将这一点叫作"存在"的经验——尽管德勒兹的方法(既不是在他的风格上也不是在他的种种理由中)与海德格尔的方法没有什么共同之处;尽管存在在此是一个骗人的观念,如果的确只有在生成中才有所予(人们将注意到德勒兹尽可能避开"存在"这个词)。因此,谈论德勒兹的本体论就必须加倍提防,只是出于对情愿不使用这类范畴的思考者考虑。这些提防属于两类。一方面,我们的确应注意德勒兹著作中可使批判哲学变成本体论的东西:事实是纯粹的所予并不是为了主体(反思主体与被针对的、被承认的对象之间的区分只有在所予中才被实现,而纯粹的所予诉诸一种"毗邻的"、悖论的主体性,就是说后者不是先验的,而是被定位在内在性平面的每个点上)。另一方

39

面——这正是我们将在此阐述的方面——重要的是思考异质发生（hétérogenèse）（根据菲利克斯·加塔利光彩夺目的词语），其中"发生"（genèse）不仅仅在其孕育、诞生或建构的传统意义上被理解（德勒兹所要求的法与事实之间的真实关系，他说他在康德和胡塞尔的著作中没有寻到的这种真实关系，因为他俩都在受条件限制者上"移印"条件、在经验论的形式上"移印"先验论的形式：任意对象的、与意识主体相关的认知形式）。"发生"也相对于"生成"的新概念被理解，而且这无疑是最让德勒兹疏远现象学及其那些甚至令人不悦的继承者的地方。现象学"未能"思考那基本上在生成中起作用的异质性（根据德勒兹的严谨术语：这不是现象学的问题，现象学提出了其他问题）。事实上，现象学只思考生成-相同（devenir-même）（正在诞生的形式、事物的显现），而不思考那必须同义迻用的东西——生成-他者（devenir-autre）。这难道不是"事件"（Ereigis, événement）这个词在"自在发生"（Ereignis, venue-en-propre）中的海德格尔式脱节要表达的东西吗？[1] 由此就出现了含混不清，当时德勒兹之后的现象学想重启事件的主题，并将事件重新探索为现象学一直致力于思考的主题的真正核心。因为考虑到现象学的基本问题式，所以现象学从来只是获得种种降临

1　作者引用了海德格尔后期思想的最核心语词 Ereigis，该词含义极为丰富，目前学界尚无统一的译法。Ereigis 的本义是"事件"、"发生的事情"，海德格尔晚年将该词神秘化，赋予了"自在起来"或"自在发生"等含义。——译者注

(avènements),即诞生或来临(不过还是在这一点上,即便它的问题
是另外的,毫无疑问这是它所希望的,或者是它的"平面"从"混沌"
中给它带回来的东西)。它的主题是时间的开始、历史性的发生,
不像在德勒兹的著作中是那不可改变地把时间分为两个部分并迫
使时间重新开始的顿挫或切断,这出现在一种对不可逆转和紧迫
的综合把握之中,因为事件在尚在那儿与已经过去、尚未到来与已
在那儿的异常停滞中被给予(参见词条"艾翁")。因此,德勒兹的
历史性本身处于生成中,被一种削弱它并使它与自身发生歧异的
外部性从内部所影响。最终,关于事件的两种思想(发生、生
成)——一种思想能够追回"存在",另一种思想只不过是洞察到屏
幕或词——之间的这一对决,难道不是基督教观念与新出现的非
基督教观念之间的对决吗?

逃逸线（与少数者—多数者）

Ligne de fuite（et mineur-majeur）

＊ 逃逸线就是解域化。法国人真不懂这一点。显然他们像所有人一样逃逸，但他们认为逃逸就是摆脱世界、神秘主义或艺术，抑或是某种松弛的东西，因为他们逃避介入与责任。逃逸不是完全放弃行动，没有什么比逃逸更活跃。这不是想象界的对立面。这还真是使逃逸——不必使其他人逃逸，而是使某种东西逃逸、使一个系统逃逸，如同管子被爆裂一样……逃逸就是画出一条线、不同的线，就是绘出整个制图学。（D,47）

＊＊ 这个概念确定着德勒兹哲学的实践定位。人们首先注意到一个双重性的等式：线＝逃逸（fuite）、逃逸（fuir）＝使逃逸。确定处境的是可能物的某种分配、实存的时空分割（角色、功能、活动、欲望、嗜好、快乐与痛苦的类型等）。问题不在于如此多的仪

式——枯燥乏味的重复、过于调整的更迭、选择领域的过度狭小——而在于同样的、二分法的可能性形式：要么—要么，即所有种类的排斥性析取（男性—女性、成人—儿童、人—动物、脑力—体力、工作—闲暇、异性恋者—同性恋者等），它们预先在知觉、情动性、思维上划出条痕，同时把经验封闭在所有既成的、包含拒绝与斗争在内的形式之中。

存在着与这一划痕相符的压迫，如同人们从全都包含等级的这些成对的对立中所看到的那样：每种析取根本上是多数者与少数者的析取。如果人们补充说二分法的栅格中止作为过程或不断自生产的欲望，那么人们当然能考虑一旦支配得以确立，欲望是否就会逃避到少数的状态，或者是否少数化毋宁说并不影响欲望在其中避开任何指派、任何分割的实存领域。第二种选择相当于给欲望配备一种内在地是女性的、儿童的……质性。实际上，之所以生成经过一种与女人味、童年……的特殊关系，是因为这些关系使一种由下述二分法构成的处境发生逃逸，这些二分法基于成年男性所界定的（定性的）多数状态被组织起来。因此就产生了一种旨在肯定女人身份的解放的人为特征，因为女人身份除了那些产生于角色、态度……的、被支配关系建立的分配的特点之外不具有其他内容。从这一视点来看，即便"一个女人不得不是生成-女人"，就是说不得不重新找到这样的点，她的自我肯定在这样的点上也远非一种必然由对男人的参照所确定的身份的自我肯定,而是这种不可捉摸的、没有本质的"女人味",它如未危害情感与道德的既定秩序就不会显示出来,因为这种秩序意味着压抑。而且这就是为什么生成-女人与关系着女人一样关系着男人:女人并不培植她们在给定处境中所是的逃逸线(且不培植既定处境强加给女人的身份),却未使整个处境发生逃逸,由此也未"在这一生成中沾染男人、占有男人"(*MP*,337-340、357、587 *sq.*)。

对德勒兹与加塔利而言,出路因此不在于处境的改变或任何处境的取消,而在于某一任意处境的摇曳、失控、瓦解。这并不意味着所有处境都具有同样价值,但它们各自的价值在于它们没有突然出现就承受的混乱程度,而不在于它们显示出来的秩序的固有性质。总之,以这些术语表达的德勒兹与加塔利的实践掉入了另一声誉不佳的二分法的陷阱:秩序—无序。不过,被充分理解的无序并不是虚无或混沌,但的确是对混沌的"分割",即与混沌的对抗,而非以被假定为自然的形式的名义对混沌的拒绝(参见词条"内在性平面")。解体或"解域化"的这些向量的确被命名为逃逸线。我们现在可以理解的是构成这种复杂表达的双重等式。逃逸在该词的两种意义上被理解:丧失密闭性或封闭性;逃避、逃走。之所以逃逸是使逃逸,是因为逃逸并不在于摆脱处境去往别处、改变生活、通过梦逃跑或者转换处境(这后一种情况更复杂,因为使

42

处境逃逸必然牵涉一种对可能物的再分配——除了钝化的压抑——达到一种至少是部分的、完全不是程序可控的转换,后者与新时空、从未见过或听过的制度性装配的无法预料的创造相关;总之,出路就在逃逸、欲求过程的追逐中,不是在其结果只有通过逃逸线才转而有价值的转换中,并以此类推)。然而,这的确不涉及出口,但出口是悖论性的。德勒兹分析了各种情况,即家庭、社会、体制;让我们局限于哲学情况,哲学还具有自己的处境,不是因为哲学比其他东西更重要,而是因为哲学相较而言将德勒兹的方法告知我们。"摆脱哲学,但要经由哲学"(《吉尔·德勒兹 ABC》,作为文化的 C):一切发生就好似哲学包含着它自己的域外,好似哲学的真正域外并不置身于哲学本身之外(通过变成社会学家、人类学家、精神分析学家或积极分子来摆脱哲学——使处境完好无损,以便跃入其他一些被判断为内在更好的处境),而是在它的中间被暴露。人们也许在此有基础与德里达展开一场可能发生的较量:在德里达通过"形而上学的终结"确定处境(远不是梦见除逻各斯之外的另一种逻各斯[言语与在场的全部])并打算从一直削弱逻各斯的被排除者开始"解构"逻各斯(书写与其"延异"的效应)的地方,德勒兹从一种可被称作反常的方法着手,这种方法时而在于辨别和培养一大批思想家——他们"看起来属于哲学史,不过他们在一个方面或各个方面都逃脱哲学史:卢克莱修、斯宾诺莎、休谟、

43

尼采、柏格森",时而在于改变各种理论的残余,以便将各种理论用作其他目的(*DR*、*LS*、*AŒ*、*MP* 等著作处处可见),时而还在于将概念与其真正的条件联系起来,即与作为概念基础的力量和直觉式活力联系起来(*ID*,137*sq.*——"戏剧化"的方法),时而最终通过"完全扭曲的构想"来讨论概念(基于萨赫-马索克的法律合同,*P*,229;*PSM*,80 *sq.*),而不在于正面批判主题或观念。人们几乎可以在文章《为了终结审判》(*CC*,第 15 章)中辨别两种进路的对立:一种进路由没完没了的分析的意义作为唯一可能的**正义**所导致,另一种进路则由"终结的诉讼"的系列引起(因为德勒兹就是以这种方式利用哲学史——终结的诉讼的案例:他对康德意义上的我思、柏格森的过去与现在的悖论式的同时性等问题的解释作为同样多确定的片段,然而这些片段的意义效应不停地被更新,根据它们在其中被占用的装配)。

总是使之逃逸,而不是批判(*Kplm*,85)……但为什么谈论反常?我们不仅思考常用定义——针对目标或对象的偏离——而且思考一篇论弗洛伊德曾有区别地描述过反常的态度的文章:"似乎否认通常比否定甚至比部分的毁灭更接近表面。但并非如此;问题涉及一种完全不同的操作。也许应该将否认理解为某一操作的起点,这一操作不在于否认,甚至也不在于毁坏,而在于怀疑所是的理由,以一种悬置、中立化影响着所是,适宜在所予之外向我们敞开一种未被给予的新视域。"(PSM,28)因为问题如果不在于逃逸出，而在于使之逃逸，那么的确有人们从中逃逸出的且与逃逸混淆起来的某物：作为可能物之法则的对错、抉择的绝对领域，作为欲望的伪自由的选择，而此欲望屈从于预先确定的分割(LS,372;CC,第10章，不仅是巴特比所做出的抉择的干扰[第89-98页]，而且是亚哈伯船长的"形而上学的反常"，亚哈伯船长是"到处逃逸"的男人[第99-102页]；最后是《耗竭》中的几处段落讨论过)。与想要通过综合的和解来超越抉择并由此接受和保存其前提的辩证法相反(人们不会把存在与虚无组合起来以重返生成)，逃逸线被置于不可分辨物与包含析取的符号之下。反常者最终在近乎词源学的意义上是属于表面或内在性平面的人(LS,158)。因为人们的确是歪歪斜斜地描绘线——双重等式的其他方面。正是通过对器官的自由使用，人们才使器官解域化，人们才不断地将器官体验为最初注定是将有机体赋予器官的功能，以便使器官以不同方式在"无器官身体"或内在性平面上进行装配，根据那些与其他一些本身被提取的或被转移的"部分对象"的相遇。就是说，逃逸线总是横贯的，事物正是因其被横贯地联系起来才失去了它们的面貌，不再被那些已经完成的图式提前辨别，并获得生命或作品(也就是"非有机的统一")的融贯性(PS,193-203)。横贯的东西如同单义性在被建构的形式中的切断、一切都在其上进行沟通(和被构成或不被构成) 的纯粹经验的平面一样, 超越形式、功能或种类的障碍。[1]

* * * 因此, 我们的两个等式向着第三个等式超越自身: 勾勒逃逸线 = 循着线进行思考。不是因为内在性平面上除了这些逃逸线还有其他东西, 在这些逃逸线上"非有机的生命"横贯地、相对于被建构的形式而得以建构。但在平面上勾勒线就是提供另一个有关整个处境的视点, 提供一种可根据其两个极(解域化和层化[诸建制]) 来分析装配的内在标准。之所以标准是内在的, 是因为根据从批判性视角中所洞察的内在性平面的优先性(经验条件), 任何形式或组织必须基于内在性平面被建构。因此, 没有固定形式的世界和生成的世界, 但有线的不同状态、线的不同类型, 其错综复杂建构着生命的可修改的地图。地图的这种地理学主题反对精神分析的考古学方法(参见 *MP*, 20、248; *P*, 50; *CC*, 第 9 章)。

究竟什么是线? 正是符号包裹着绵延符号学、实存的临床医学的时间、基本元素(德勒兹从《对话》[第 141-169 页] 开始才起用这个概念: 描述"按照时间线"展开的"符号世界"的《普鲁斯特与符号》[第 35 页] 探求了两个项的综合但还使两个项保持分离)。

---

[1] 正是菲利克斯·加塔利在他与德勒兹合作之前就锻造了横贯性概念, 参见探索出版社再版的《精神分析与横贯性》(*Psychanalyse et transversalité*)。两个思想家不断地相互借用每个人以各自方式所使用和理解的观念, 即便他们在共同工作的框架下对这些观念进行了重新润饰。

因此,任意一个装配或任意一个处境就需要通过线这个概念的差分化而被分析,对立于"点与位置的系统"（D,48）,后者显示出结构主义类型的思维的特点。确定同样多的时空关系的三种类型被区别开来:除了诉诸艾翁和光滑空间的逃逸线,还有"僵硬的节段性的"线［二元循环与条纹空间］,且在这两极之间还有一种处于所谓"柔顺的节段性的"含糊地位的线（零碎的提取、情感再分配的界限）（MP,238、271-283）。

德勒兹为什么肯定逃逸线的优先性（D,152、163；MP,250）？而逃逸线显得如此脆弱、如此不确定,偶尔还不在场,或者枯竭,处境似乎首先被它确应摆脱的规则性、周期性运动所界定。事实的秩序不应遮掩法:如果横贯的东西真的先出现在经验中,那么正是形式与主体才在逃逸线上被建构,必须在所予之中被建构。反之,由此就有了最初从内部横贯形式与主体的逃逸线、多样的内在的外部性,后者在建构形式与主体的同时对它们施加影响,并为"快乐的悲观主义"、内在的信仰、美好日子的从容期待辩护,即便事情必然要变坏。因为我们的形式如果在最初的解域化上被建构,而且如果我们饱受其僵硬之苦,那么我们还需要它们来重现我们的实存。"拆解有机体绝不是自杀,而是向着那些假设整个装配的连接敞开身体……必须保存足够多的有机体,以便它在每个黎明时分重新成形"（MP,198）——因为问题在此还不是逃逸（有机体）,而是使之逃逸。

战争机器

Machine de guerre

* "每次逃逸线转变为死亡线时,我们都没有祈求'死亡本能'式的内部冲动,而是仍然祈求一种欲望装配,它启动了一种客观上或内在地可界定的机器。因此,恰恰不是在隐喻意义上,某个人每次都摧毁其他人、摧毁自己,他在逃逸线上发明了他自己的战争机器。"(*D*,171)"我们将'战争机器'界定为一种在逃逸线上被建构的线性装配。在这种意义上,战争机器根本不把战争作为对象,而是把一种极其特别的空间作为对象,即它所构成、占据和扩展的光滑空间。游牧的确是战争机器与光滑空间的这种组合。"(*P*,50)

** 这个概念包含两个难以理解的层次:一个涉及内容(战争机器一直被说成是不把战争作为对象),一个涉及地位(这是一种历史的、普遍的、隐喻性的装配吗?)。一切都始于一种对战争与欲望关系、对战争意象在那些"逃逸线"上被卷走的作家作品中的复发性的沉思。德勒兹与加塔利一如既往地拒绝定性那如同来自误解的隐喻(*D*, 169)。战争机器的概念回答"逃逸线"的模棱两可的疑问(与其说是逃避处境,不如说是"使处境逃逸",是利用逃逸线的解域化的尖点):它转变为废除线的能力。因为,正如把死亡之爱或法西斯主义的眩晕看作欲望的对立面有可能太简单,相信欲望除了其再域化的危险之外不会面对其他危险也有可能太简单。在《反俄狄浦斯》中,不管"无器官身体"的逻辑怎样,集体欲望与死亡所维持的关系仍然与其自身的压抑有关:在这一语境中,法西斯主义只有通过它为了消除资本主义时代特有的解域化而着手过时的再域化的极端特点才区别于任何其他社会(*AŒ*, 37、306-307、439-440)。这一点在《千高原》中却恰恰相反:"废除的激情"是指这样的时刻——欲望在绝望的条件下面对着压抑,且在欲望"丧失了其蜕变能力"时,欲望从其他欲望与自身的毁灭中找到那继续属于它的"唯一对象"。法西斯主义因此是人们犹豫地将其称作内化的这种复杂时刻,在其中欲望从失败的深处找到那让国家掉头反对自身的残暴方法,通过"使绝对战争的流经过国家"(*MP*, 282-283)。可以说,向着虚空运行的这种欲望状态不会混淆于神经症的非-欲望(non-désir),因为欲望在把战争或死亡冒充为最终对象

47

时要消除的就是内化;毋宁说人们将考虑无器官身体的"相斥的"或"妄想狂的"极(*AŒ*,14-15)。尽管如此,战争机器的概念没有在对临床的、个体的或集体的状态的描述中衰竭:正是这个概念给那作为形式或模型的国家的批判提供了一个真正的可疑的持有者(理由将变得清楚明白,因而"战争机器"由于这个理由也往往与欲望本身同化,而非只是指它的关键性界限)。战争机器的外部性的论题既意味着国家如没有一种与域外的关系就不会被构想,国家如不能简化域外就将其据为己有(制度化的和武装起来的战争机器),也意味着战争机器理应实证地关系着一种本来从不以内部性形式再度封闭自身的社会装配。这种装配是游牧:它的表达形式是战争机器,它的内容形式是冶金学;整体与一种所谓光滑的空间有关(*MP*,471-518)。这个论题具有一种实践意义:不是在革命中捍卫一种未变质的和不受批判的信仰,也不是要抽象地呼吁革命的或改良主义的"第三种道路",这个论题可以明确非布尔什维克的、无党派组织的革命政治的诸条件,这种革命政治同时掌握着一种分析工具,以便面对集体逃逸线特有的"法西斯主义的"偏航的危险(*D*,173-176;*MP*,582-591)。德勒兹支持巴勒斯坦人及其抵抗的介入行动具有这样的意义:他从巴勒斯坦解放组织中看到了一种在他赋予其确切意义上的"战争机器"(*P*,233)。

* * * 为了不停留在清晰可见的双重性或矛盾的第一印象

48

中,读者应该在何种意义上理解战争机器"不把战争作为对象"。战争机器从中获得名字的含糊性是由于它在历史中未留下否定之外的痕迹(D,171)。战争机器在它顺便以国家形式获胜时就显示出任何抵抗的命运,首先被看作恐怖主义或稳定性的消失,然后痛苦地获胜:这是因为它从属于生成、"生成−革命者",且不被写入历史(P,208-209;QPh,106)。因此,好像集体的"非器官的生命力"(这一集体在独创的装配方面的社会创新性)有时只有在战争中才会显示出来,尽管战争机器不把战争作为对象。只有当战争机器被国家占有,"与它能做的事情分离",它才把战争作为对象:战争因此改变意义或改变"符号体制",因为这不再是同样的装配;游击战变成军事行动(MP,518-527)。战争机器的概念最终压缩欲望的两个极——"妄想狂的"和"类精神分裂症的",但显然要经由无器官身体的逻辑($A\OE$,439$sq.$;MP,203-204)。

欲望机器

Machines désirantes

＊ "在欲望机器中,一切都同时发生作用,不过发生在脱节与断裂、故障与挫败、间歇与短路、间距与分割之中,发生在从未把其部分汇集成整体的总和之中。"(*AŒ*,50)"欲望机器建构着无意识的非俄狄浦斯情结式的生命。"(*AŒ*, 468;*BS*,95)

＊＊ 欲望机器首先被"流–切断"的配对或系统所界定,其在配对中被规定的诸项是"部分对象"(在一种不再是梅兰妮・克莱因所界定的意义上,即不再诉诸整体的先前完整性的意义):从这一视点来看,欲望机器已经无限地由各种机器组成。《反俄狄浦斯》由此在一种被设想为生产过程的**自然**的单义的或内在的平面上展开论述(人们可以将这部著作与《物质与记忆》第一章的开头进行对照,今后可以作为创立内在性平面的例子提供出来:*IM*,第4

章;*QPh*,50)。其次,流的切断按照析取综合的法则被铭刻、被记录或被分配在完满的无器官身体上(*AŒ*,15-22)。最后,一个无论如何都不会先于机器而存在,但在其中作为"剩余"或"残余"被产生出来的主体,通过各种析取进行流通,并把各种析取作为主体本身的同样多的状态来消耗(*AŒ*,22-29——关于三个方面的概要,参见该书第43-50页)。欲望机器是悖论性的:它们"只有在发生故障时才运行"(*AŒ*,38-39)。如果人们发觉机器一词在此不是隐喻,那么这种悖论就只是表面的。确实这个词的通行意义是抽象的结果,人们通过抽象来使技术机器孤立于它出现和运行的诸条件(人,可能还有动物,社会类型或经济类型,等等)。因此,机器首先是社会的,然后是技术的,机器忽略了它的生产与运行之间的区别,且绝不会与封闭的机制混淆不清(*Kplm*,145-146;*AŒ*,43*sq.*、464)。最终,"社会机器"(资本主义市场、国家、教会、军队、家庭等)与"欲望机器"之间没有本性差异,但有体制或逻辑的差异:欲望机器"投资"社会机器,并建构它们的无意识,就是说欲望机器同时靠社会机器滋养,并在使社会机器"逃逸"时使其成为可能(*AŒ*,406*sq.*、483)。在《千高原》中,欲望机器的概念让位于装配和抽象机器的概念(人们从中重新发现不稳定的条件设定的这种悖论性功能)。

　　* * * 人们将不会对德勒兹和加塔利的这一构想与欲望一词

的通行意指之间的差距感到惊异；其实这种差距就在于这个词本
身之中，就在它所指称的、事关上升到概念的经验与它所传达的、
对经验的解释之间，这种解释符合被建构主体的有意识再现的要
求。人们通常将欲望与欲望的实现对立起来，以至于欲望被抛弃
到梦、幻象、再现一侧。但欲望真就被带到生产一侧，欲望的模型
就不再是剧场——俄狄浦斯故事的永恒再现——而是工厂，而且
"如果欲望进行生产，那么它就生产实在……欲望的客观存在是**实
在本身**"（*AŒ*,34）。欲望不是对一个不在场的或缺席的对象的再
现，而是一种生产活动、一种连续不断的实验、一种实验性的蒙太
奇。"欲望是机器"（*AŒ*,34）这个著名命题由此具有一种论战性的
双重意义：（1）该命题拒绝梦是通向无意识的"庄严之路"所依据的
精神分析观念；（2）在转而提出实存之生产的问题与设定"欲望属
于下层结构"时进行竞争，该命题要与马克思主义进行竞争，远胜
过它重新与马克思主义连接起来（*AŒ*,124——工厂-无意识的模
型取代剧场-无意识的模型）。

不过，与通常对欲望的观念论构想决裂意味着对欲望的逻辑
提出异议：当人们把欲望想象为主体朝向对象的张力（欲望的再现
逻辑）时，人们就使欲望隶属于一种与之相区别的目的——占有；
由此，不仅人们没有解释欲望本身的实在性或欲望的形成，而且欲
望自己受骗上当。对我来说，当然有必要能支配各种生物和事物，

融入我的欲望的机器性合成的那些奇异性能从它们之中被提取，并由此能确立我的"界域"——但这是为了能够有欲望;换言之,在这种机器性的平面上追逐一种情动性的冒险。在这种意义上,欲望不是匮乏,而是过程,是漂泊不定的学习;欲望只忍受被切断,但不会忍受"对象"一再回避的东西。同样就是在这一点上,欲望才区别于快感:痛苦的探索也隶属于欲望;不是因为人们愿意忍受痛苦并从中寻得快感,而是关系着生成、情动性的旅行(骑士之爱的例子:*D*,119-121;*MP*,193-194。受虐癖的例子:*MP*,188、192)。另一个诱饵是主体:将欲望再现为一种完全准备表达自身、经历那些只是外部的束缚的官能(被抑制的、被阻止表达情感的主体)。实际上,欲望不会提前被给予,且不是一种从内向外的运动:欲望产生于外部,产生于相遇或配对(*D*,66、116)。作为探索者、实验者,欲望是从效应到效应或者是从情动到情动,同时调动各种生物和事物,它们不是为了自己而是为了它们发出的和欲望提取的奇异性。这种提取并不意味着事物就像在克莱因的概念中一样被分成几块,因为事物和"部分对象"不会在同样的平面上起作用,"部分对象"在其上"互为机器"的平面并不包含各事物。对欲望的常用再现——朝向某物或某人的张力——因此诉诸那先于主客体二分并对之解释的"欲望机器"的形成。

多重性
Multiplicités

＊"多重性不应指'多'与'一'的组合,而应指一种属于'多'本身的、绝不需要统一性来形成系统的组织。"(*DR*,236)

＊＊这个概念源自柏格森,导致了一种双重移位:一方面,一与多的对立不再是相关的;另一方面,问题变成了两种多重性类型的区别(广延的-现实的多重性,分成彼此外部的诸部分,因此有了物质或广延性;强度的-潜在的多重性,只分成彼此被包含其中的诸维度,因此有了记忆或绵延)。不仅如此,以前的对立显得与两种类型中的一种有关——经由强度的-潜在的类型的"现实化"而派生出的广延的-现实的类型。这就是为什么对不具有其他明确形式的一种多重性或几种多重性的祈求总是在德勒兹著作中诉诸强度

的-潜在的类型,后者只实现多的直接统一、多与一的相互内在。

一方面,德勒兹仍然深度忠实于柏格森的观念,按照此观念,具体物始终是一种混合物,思考者应该从中区分两个趋向或两种多重性类型:由此就有了艾翁—柯罗诺斯、光滑空间—条纹空间、分子的—克分子的等重要二元性的系列(对比阅读 *B*,11-28 与 *MP*,593)。显然这不涉及两个世界,甚至也不涉及两种截然不同的取舍,实存不得不在这两种取舍之间做出选择:通常,对德勒兹而言只有物体,物体表面上只有事件,因为精神与内在性或无器官身体的"晶体式的"冒险混淆不清(*FB-LS*,34);无论如何,潜在都不超越现实,也不存在于现实之外,尽管潜在萦绕现实和包抄现实。

另一方面,德勒兹不断地重启多重性概念,同时将多重性概念引向与柏格森不相干的路径。他从初始概念尤其抓住了一种他赋予新意义的显著特征:"只有改变本性时才被划分的东西"(*B*,32;*DR*,306、331;*MP*,第 1、2、10、14 高原;*IM*,第 1-2 章)。这表明一在德勒兹著作中至上的论题是多么暧昧不清。[1] 在《差异与重复》中,多重性融入一种有关问题或**理念**的理论(236*sq.*);德勒兹已经在"交错"的名义下提及非等级的、侧面的、各种**理念**之间的转变,根据存在的单义性中被肯定的存在的"加冕的无政府状态"(242、359);然而,这种对多重性逻辑的描述在其中还保存了某种静态的东西。就是在《千高原》中,这种显著性特征的结果才被最清楚地陈述出来;一旦多重性直接与相遇观念连接起来,人们就更好地理解了任何多重性在哪个方面上一开始是"关于诸多重性的多重性"(*MP*,47——该书的构成况且还清楚地遵循着这种逻辑)。与此平行的是,多重性概念提供那些构成欲望机器或装配的零件的逻辑:其提取并不意味着整体的分割或失去的"部分对象",如同在梅兰

53

---

1 这个论题被阿兰·巴迪欧在其著作《德勒兹:存在的喧嚣》(*Deleuze. La clameur de l'ère*, Paris, Hachette,1997)中所支持,另外应该致敬该书观点的高度和它对真正争辩的关注。如果德勒兹拒绝的多元论是含糊性的多元论(第 38 页),那么我们就只能表示赞同;不过,含糊性对德勒兹而言只是一种伪多元论,是一之于多的超越性的最可靠的保证。问题的背景如下:对德勒兹而言,多元论只能在关系优先的条件下才能被思考,巴迪欧不能接受这一点,在承载着增补的虚空的名义下,关系优先对德勒兹而言属于超越性的奇迹,而非创造(当潜在的过去与简单的、经历的过去混淆起来时,这种误解在 135 页达到顶点——此处甚至可参见词条"时间晶体")。从此,德勒兹确实需要"一的被革新的概念"(第 19 页),但作为多的直接综合或析取综合("存在的单义性"别无他意)。因此就有了等式"多元论=一元论",也可以被表达为内部的差异=关系的外部性。在这一点上,被应用于存在者的"拟像"概念与其说对德勒兹主义是必不可少的,不如说对于巴迪欧对它的解释是必不可少的;对我们而言,我们更倾向于问德勒兹为什么最终在《意义的逻辑》之后抛弃了"拟像"概念。这一点可参见词条"存在的单义性"。

妮·克莱因的著作中那样,因为在人们抛弃那些被建构的总体性(按照再现的要求被组织的经验性所予的对象)的平面来重新连接某种意义上是绝对的、无视总体化的诸碎片在其中被装配的平面时,人们只使"实在的"经验的条件达到要求。既不具有形式也不具有个体性,任意实在性的这些碎片在自身进行装配时导致了那些有强度的个体化(或"此性":MP,318$sq.$):它们以"前个体的奇异性"的名义建构多重性的有强度的维度(LS,345;$A\!\!\!\!E$,369n28、387)。从这个视角看,多重性的逻辑补全包含析取的逻辑,多重性概念与奇异性概念被证实是紧密关联的。

在这一点上,读者可能要有发脾气的不悦之感,甚至对概念的相互抵消具有不悦之感:一种多重性的各维度本身是各种多重性,因此就有了奇异性=多重性,等等。这种感觉在人们回想起多重性由彼此被包含的各维度构成时就消失了,同时每个维度在另一个程度上重新接受所有其他维度,根据一张可以增加新维度的开放清单;然而,奇异性就其本身而言从不是可隔离的,但总是"延伸到另一种奇异性的邻域",依据配对或关系至上的原则。多重性就这样在一种绝不等同于"本己身体"的无器官身体上一边"分裂自身"一边转换自身("本己身体"这个概念反而假设欲望机器的初级运作的中止与有机体的"定居式的"分配)。

54　　　＊＊＊还有另一个困难等着读者:在《千高原》的某些段落

中,与前个体性的两个层次的考量相关的、显而易见的模棱两可。"多重性"这同一个词似乎有时指有强度的维度(或奇异性)的"并合",有时指所谓抽象的元素的外延性的"众"或"群"。实际上,两个方面结合起来:它们与柏格森无关的区别建立在一种针对斯宾诺莎的身体理论的原创性解释之上(MP,318)。如同包含析取一样,第二个方面可以对被精神分析歪曲的临床材料进行公正对待(MP,第2高原全文:"狼人"的病例)。各维度仍然保存至上性(MP,299、305),因为只有根据各维度,众或群才不再与已经被形成的诸个体的聚集体、外延的-现实的类型的多重性混淆起来。《千高原》的这个关键时刻是"生成-动物"的诸现象全都获得重要性的时刻:向着被界定为体制的"分子物"的转变在这个时刻发生,而只有成块归类的、任意的统一性根据快慢关系才在这种体制中获得规定。因为艺术与精神病的"谵妄"以各种方式证明了这一点,所以强度物在再现中开辟了一条悖论性道路。从此,根据将概念与空间捆绑起来的隐秘关系,对于哲学最重要的是为了哲学自身接受强度物在外延物之中的这种反转:在此"分子物"与游牧分配的紧密的相互关联在"光滑空间"的规定中显示出来(MP,473)。

内在性平面(与混沌)

Plan d'immanence（et chaos）

* "只认得经度与纬度、速度与此性的这个平面,我们将它称为融贯或合成的平面(与组织和发展的平面相对立)。它必然是内在性和单义性的平面。因此我们将它称为**自然**的平面,尽管自然在里面与之无关,因为这个平面没有对自然物与人造物做出任何区分。它徒劳地在各维度上增加,它从不具有一个对它之上所发生之事进行增补的维度。因此,它既是自然的,又是内在的。"（MP,326）"内在性平面既不是一个被思考过的概念,也不是一个可思考的概念,而是思想影像,即思想显示什么是思考、运用思想、在思想中辨别方向……"（QPh,40）"内在性平面像混沌的一个剖面,作用如同一个筛子。其实,混沌的特点与其说是规定的缺乏,不如说是规定开始显露和消失时所经历的无限速度:这不是由此

规定到彼规定的运动,反而是两种规定之间的关系的不可能性,因为除非另一种规定已经消失,否则一种规定就不会出现,而且因为一种规定似乎消失,同时另一种规定初具雏形便隐藏。混沌不是一种惰性的状态,不会随便是一种混合物。混沌导致混沌,并在无限中消解任何融贯性。哲学问题就在于获得某种融贯性,但不会失去思想沉浸其中的无限(混沌在这一点上具有一种精神的和身体的实存)。"(QPh,44-45)"内在性与作为那优于任何事物的统一性的**某物**无关,也与作为那导致事物之综合的行为的**主体**无关:只有当内在性不再内在于自身之外的其他东西,人们才能谈论内在性平面。先验领域不是由意识所界定,内在性平面也不是由能包含它的**主体**或**对象**所界定。"(《内在性:**一种生命**……》)

** 在某种程度上,首要的是混沌(*QPh*,189*sq.*):各种各样的——感知的、情动的、智性的——守时的连续汇集,其唯一的共同特征是随机的、不相关的。而且正如休谟所指出的那样,纯粹机遇的领域除了对无动于衷产生影响外,几乎不会对精神产生影响("精神的底色是谵妄,或者在其他视点下是同一种东西,是偶然、无动于衷。"*ES*,4)。因此,整个生命首先被各种各样的"与料"吞没了。

人们甚至想补充说:今如往昔——如果媒体真的天天让我们每个人乐意对那些越来越多、越来越不调和的与料感兴趣,并乐意为了它们能够指引的行动而记录它们,当然,适当在一个变得复杂的世界中运动意味着要熟悉情况。信息或口令的这种体制,德勒兹特别地基于动作电影来分析它:一旦一种情境被给定,人物就开始沉浸于那些构成它的与料之中,以便发现恰如其分的反应,并由此能够改变它(*IM*,第9章;*MP*,95*sq.*)。信息的前提条件因此是作为感觉–运动图式的持续激活的生命:与料是有用的,你们将挑选它们,并按照你们的生命兴趣或你们的用法"对待"它们;字面上,信息是成形的语言单位的出现,是在严格意义上将其变成一种"与料"的使用形式,当它在某一图式中被捕获和首先被辨认有用时,即便人们不知道什么。

但因为这种极其丰富的、法律认可的效用本身具有某种诙谐的、混乱的东西,所以人们认为它只是使一种微不足道的、本身被它想消除的东西沾污的屏幕对立于德勒兹所命名的"陈词滥调"的破产、那些同时确保人与世界有机联系的编码或感觉–运动图式的断裂。按照《反俄狄浦斯》,现代是由一种内在于资本主义社会的"广义的解码"所界定;根据《电影2:时间–影像》,现代在第二次世界大战后是由内涵与生命、与料处理与行动的现成形式对我们所施加的影响的松懈甚至消失所界定。这种不是心理学的而是文明的事实毫无防御地向着我们遭受日常过度的丰富与料,且现代人简直被眩晕所操控——迷恋或恶心。

　　这在德勒兹构想的意义上近似是混沌，以及是理应显示情境的"现代事实"。由于与混沌的另一种关系的要求，因与那种旨在通过编码、现成图式提防混沌的关系一样，具有明晰性与必要性，而从不是非如此不可。因此，同时发生的是，面对着与料的新颖但又不可确定的情况，思想要求显示那些告知我们融入何种世界的特殊关系，且面对着可解释的或可告知的旧图式的崩溃，思想要求一种新的联系或辨读形式，后者区别于超越性的、解释性的总体化，这种总体化已经总是导致辨认所发生之事，而非导致那些遵循着这种总体化的生成的方法（答案就在临床的定义中，临床作为生成的评估、在"表面"上从一种符号组织向另一种符号组织的滑动——内在性平面的最初草图——的确是意义的表面，*LS*，102；两卷本《资本主义与精神分裂症》致力于这项事业，就是构思"编码化"社会体制向"公理化"体制的滑动随后在其上可被评估的内在性平面；或者，根据一种新近出现的评估，从福柯所界定的"规训社会"向德勒兹本人所界定的"控制社会"的滑动，*P*，240-247）。这便是我们几乎不再"对"与料"起反应"，我们不再相信连贯的习惯或传统（促使我们在个体和集体的生命的随机准时中辨认那些可延长为行动的与料），而且我们没有以一种松弛形式保持更好的东西；我们又回到一种无动于衷，然而其旧图式的残余在每个更艰难的日子里保持着拒绝。我们的确预感到，存在着摆脱混沌的重要

57

事情,但我们厌恶混沌之确定的通常形式,且我们推测内在辨别力的诸条件本身不是被给予的,但取决于特殊行为。总之,我们缺少一种重新切割混沌的平面,缺少那些可让我们连接这些与料并从中找到意义的诸条件,以问题式而非解释的方式。思考开始于这样一种切割的实现或这样一种平面的创立。内在性平面是意义得以产生的条件,因为混沌本身是这种萦绕着我们生命的底色本身的无意义。然而,平面完全不同于解释的栅格,后者属于现成的思想形式,属于我们恢复其混沌而不是面对其混沌的陈词滥调:平面不是隐藏在所予的下面,就像一种结构一样,这种结构从平面所包含的那些维度的"补充性维度"而使平面变得可理解。

平面有何种本性?它注定呈现出两副面孔,同时每副面孔是另一副面孔的镜子:思想的平面、自然的平面,因为"运动是思想的影像,但还不是存在的物质"(*QPh*,41),在"形式的"角度下,正如斯宾诺莎曾说过的那样,行为旨在选择某一些混沌的规定——我们前面称之为那些可以说是难对付的变故、准时或与料的规定——以便将它们"保存"为同样多彼此之中被折叠的"无限运动","无限"是指:从所有时空坐标抽象、被动词不定式恢复到它们可表达的纯粹意义。被抓住的规定是思想可将其识别为理应属于思想的规定:就这样产生了事实与法的划分——奇异的和可修改的但不是原始的、我们后面将回到的划分——它解放思想影像,其

58

相关物是一个或多个可实现其建构运动的概念性人物。这些人物既不会与作者混淆不清，也不会与作者可使之对话的、虚构的交谈者混淆不清，尽管交谈者偶尔使他们具身化：他们本身从混沌上被提取（**审判者**、**调查员**、**白痴**、**口吃者**等）。他们是思考者在他进行思考的范围内采取的诸多姿态，这些姿态通过思考者变成思想的纯粹规定，人物-平面的集合确定了思考者通过这种实为概念创造的解决性尝试所设定的某个或某些问题（*QPh*，第3章）。

　　这就是说直觉多大程度上在哲学中起作用，至少"如果人们将直觉视作不停贯穿内在性平面的思想无限运动的围困"（*QPh*，42），而不视作高级实在性、思想之独立本质的入口。在这一意义上，且只有在这一意义上，思考者才有各种错觉，它们与世界的某些规定的生成-哲学混淆不清，与没有标志就定位思想的、发明思想自身的定位系统的姿态混淆不清（*QPh*，40；*P*，202）："它们不在语言的域外，它们是语言的域外"（*CC*，16）。也正是在这一意义上，哲学的诸概念，只有从它们与之相关的问题中才能获得意义，它们一方面是可接受非概念性理解的，这种理解与哲学家所做的一样关系着非哲学——因为它促使理解哲学理应在哪个方面上求助于非哲学——哲人错误地从他的工作中驱逐出他自己的并不探讨哲理的部分。人们会注意到德勒兹将**理性**称作平面的这种纯粹直觉的时刻（*QPh*，74）。这不仅是开玩笑或挑唆，而是为了表明人们不可能构想原始的唯一理性：如果有理性，那么它完全属于一种创立，或毋宁说属于创立的多样行为，所谓的"理性化过程"（*PV*,7-9、15）。因为理性是永久分岔的，所以它并不存在于那些有区别的合理性之外，它们每个都诉诸一种必然非理性的基础行为，但也证明了另一种秩序的必然性：相信自己能克制自己或将这种理想投进不确定的未来之中的思想只能信赖超越性，信赖那些超越所予和摆脱思考之考验本身的信仰（参见 *AŒ*,447、455;*ID*,365-366:"理性总是一种在非理性中被修剪出来的领域……"）。最终直觉在那些对其进行命名的平面上被创造的概念的适应中伴随着一种鉴赏力。可以猜测内在性平面这一概念的最终结果是，存在着只是被创造的真理（*QPh*,31-32、55;*IT*,191）。在此还是为了作为只在平面与概念、问题与答案的关系中才起作用的真理的标准服从于有趣的东西、重要的东西与特异的东西的标准（*DR*,245;*QPh*,80——德勒兹以前称作"在诸问题本身之中承受真假考验"［*B*,3;*DR*,198-213］）。因此，不要将德勒兹对真理概念的批判和服从与德勒兹对真理疑问的假设性的冷淡混淆不清（参见 *IT*,第5-6章）。

但为什么存有诸平面而不是存有同一个平面？这个平面可以被称为**特指**的平面，并且罕有思考者似乎自为地讨论过（斯宾诺莎讨论过，柏格森短暂讨论过;参见 *QPh*,49-50）。答案可以这样概括:(1)之所以与料或规定的集合是混沌，是因为它们之中包含着竞争的思想影像,以至于抓住它们全部的思想家崩溃,他的平面不再区别于混沌;(2)但与之相反的是,任何选择都因其一致性本身和相关停顿而有可能导致思考者将他的平面与一个独特且普遍的平面等同起来,后者由此取代混沌,并重新创立超越性,因而同时使它自己的概念在意见中贬值(参见游牧分配与定居分配的对立);(3)只有思考者为了尽可能包裹**特指的**内在性平面来描绘他的平面,才能消除超越性和意见的这种回归,让我们领会不可思之物,它将认同混沌的思想驱逐出混沌,但它的肯定性仍有必要避免另一种认同,即对被造物和原初物的认同;(4)因此,它应该抓住那些影响无限运动的规定作为思想的合法规定,无限运动通过持续的重启和分岔表达某种前进,或者表达另一个思考者在某个思考者之中的坚持(口吃,言语不清,像一只乱跳前进的狗一样探索,等等)(关于这所有的一切,参见 *QPh*,第 51、55、59、67 页等)。

这个概念在"理性秩序"中是首要的吗?这个疑问可以在表面上提出来,因为内在性平面作为经验条件的概念同样先于混沌。应该消除含混不清:它不可能有混沌的经验,因为混沌的经验与思想的崩溃混淆起来,思想任凭自身被混沌抓住,但从未找到某些与混沌对立的图式,也不具有对这样一种平面的直觉,这种平面要将混沌进行重新分割,并允许混沌在一种临床的图表中获得融贯性。这就是为什么我们所由之出发的准时只有在那些赋予其形式的图式的条件下才完全是"被给予的"。不过,这些条件鉴于它们所限定的东西就显得极其广泛:它们只有在被承认物、已知物的形式下才"给予"任何东西;它们只有在一种被搞砸的意义上才谈论经验。"实在的"经验与平面的分割或创立一起开始。从此,混沌与其说是被思考的不如说是被给予的:混沌是潜在的。只有内在性平面交给我们一种纯粹的、直接的所予,这种所予的混沌只提供草样和消失。我们不应该将潜在理解为一种与实在对立的,或者像可能一样不得不实现的状态:与潜在相对应的是现实化(和晶体化相反的运动)。不止如此,如果实在的经验包含或蕴含着混沌,那么被充分理解的实在就不再与一种纯粹的现实性混淆不清,而且它包含着一部分潜在性(B ,99 *sq.* ;*DR* ,269 *sq.*)。这就是为什么生成、创造、思考总是蕴含着一种与现实化的力本论相反的力本论:晶体化(*D* ,184-185)。

　　* * * 这种纯粹的所予是内在性平面的另一个侧面:如果某种事物得以存有的条件没有与此同时被提出来,思想影像就不会出现;思想的新形式是考虑经验或思考存有的某种东西的新方式。人们因此能重新描绘所予在哲学中的非连续历史,尽管如此,但思想从未触及一种直接的所予的内在性,甚至凭借胡塞尔的哲学亦不如此。根据德勒兹的观念,这种纯粹的所予,只有两个哲学家生产过它的图表,陈述过它的逻辑:斯宾诺莎在《伦理学》中和柏格森

61

在《物质与记忆》第一章中曾做过（也许我们应该补充一下：德勒兹与加塔利在《反俄狄浦斯》出色的开篇中曾分析过）。

但我们不是说过，**特指的**平面不是可陈述的吗？那么，斯宾诺莎懂得"这次指出不可能之物的可能性"（*QPh*，59——这个主题至少指出，正是通过创立**特指的**平面，内在论的转变才得以实现，像尼采曾说过的那样相信大地，像德勒兹自己说过的那样信任这个世界）意味着什么？通过重新切割混沌而未将先天的最小切割强加给它的规定性，通过将这些规定性联系起来而未将它们圈进那些预想的、分包给经验的形式之中，混沌生产了一种经验的平面，后者无限地蕴含着它自己的潜能的再分配。其实，斯宾诺莎只认可运动。未被规定的物质粒子的领域一旦被给予，只有按照这些物质粒子在有区别的化合物方面的可变分布，知觉才会显现出来，而这些化合物被静止与运动、快与慢的某些关系所界定，但它们总是遭受亚化合物的相遇、迁移，遭受合成物的合成，或者还遭受解构物（"经度"）；就其自身而言，情动性进行分化、丰富、修改，按照与这些多少令人高兴的相遇相对应的生成（在平面上起作用的匿名的和分散的力量的增加与减少，或者"纬度"）。除了仅仅建构平面的运动之外，人们将注意到这个平面去中心的特征：这两个特点是从斯宾诺莎那里获得的内在性平面的描述（*SPP*，第6章；*MP*，310-314）。与德勒兹以后将从柏格森那里获得的描述（*IM*，第4

章)所共有。人们不太可能理解这样的事实,即此性概念与斯宾诺莎的叙述连接起来,它提出了一种内在的、不同于有机的个体形式的个体化方式,这些个体形式先天地切割经验领域(*MP*,318 *sq.*)。走兽在5点追捕、马跌倒在街上:生物在其中不再脱离背景或气氛,而直接、最初与它们一起形成的这些合成物已经差不多符合运动-影像的概念了。就像德勒兹所说的那样,作为普鲁斯特的作者,我们并不喜欢与其所笼罩的各种风景、时光、情境相分离的某个人。因为我们就是这样被感动的,或者我们使情动摆脱通常情感的外壳,使知觉对象摆脱日常知觉的自发的期待与分离;通过折回内在性平面,整体在内在性平面上并不总是与整体一起形成——因为整体还包含作为分解或吸收的死亡——但整体在同一个所谓单义性的平面上与整体进行沟通,不管形式、类别或器官的确定(从纯粹所予或实在经验的角度看,耕地的马要比赛跑的马更接近牛:*SPP*,167)。在这个平面上,相遇、实验总是有可能发生的,没有遭遇任何隔阂;至于相遇是否令人快乐则是另一个疑问。因此,萦绕着斯宾诺莎主义的概念性人物是儿童(*MP*,313;*QPh*,70)。

但我们应该继续这种类比,以便正确地觉察这两种研究是多么趋向于同一个概念,与此同时有区别地强调它们。而且让我们回想起《物质与记忆》的第一章:纯粹的所予(影像、运动和物质的模糊状态)先于我自主和自在地拥有的这个**我**的意识,这个**我**绝对开启了知觉领域,知道自己被定位在空间的一个点上,尽管自己不在他的领域之中,但与他一起移动纯粹的所予。错误的是把知觉领域与内在性平面混淆不清:如果真有某种事物先于以对象为目的的主体的任何确定,那么所予在其上展开的平面并没有特别地在任何点敞开自身,要求它随着视角变化没有意义。它就直接在那儿,是去中心的、固定的,以便由此充分地说它什么也没有装载,因为电影影像在一块冷静的屏幕上鱼贯而行,尽管它们给观众推荐了变化角度。如果有一个主体,那么主体在所予中被建构,根据德勒兹自 1953 年第一本书《经验主义与主体性》(*Empirisme et subjectivité*)以来提出的问题;主体在他的每个点上被建构。从此,谈及那感知和体验是"相邻"的主体,这并不是通过最后时刻再引入先验**自我**来把主体从所予中削减掉,反而是使主体通过平面的所有点和通过他自己的同样多的案例来流通,以便从这一生成系列中终结他(德勒兹的**我思**可能是就像——一样的某种东西:"我感觉我变成另一个人,因此我在,因此这才是我!"——参见 *LS*,360;*AŒ*,22-29)。如果我们回到斯宾诺莎的描述,那么我们现在就能理解主体可能是"固定平面"(*D*,113;*MP*,311)和"匿名力量的强度状态"(*SPP*,171)的疑问。其实,主体不需要任何融合或特殊移情,以便在纯粹经验的这个平面的每个点上,没有任何被建构的主体与情动相对应:例如,从其能做之事的内在性视点区分赛跑的马与耕种的马的差别、它们胜任的活力或步伐;反而是耕种的马与牛的接近——知觉对象和情动在内在性平面上的所有直接对象。

最后,如果我们问**自然**或单义性的这个平面在何种意义上也有益于任何思想的**特指的**内在性平面,斯宾诺莎因此在何种意义上指出"不可能之物的可能性",那么我们就可以理解这一点;甚至超越他的哲学似乎在外表上所赞同的"独断的思想影像"(思想与真的自然亲缘关系、先于思考行为存在的真理模型——参见 *DR*,第 3 章),他的平面建立"无影像思想的悖论性影像",即一种提前并不知道思考意味着什么和只能不断地返回孕育它的行为的思想(混沌的切分)。之所以可以说斯宾诺莎指出了**特指的**平面,是因为思想反映在这种只关注无论组合与否的、总是以不同方式重新组合的不均等运动的"光滑空间",并且思想将这些运动体验为它自己的戏剧、思考能意指的东西的试验或幻觉。

64

让我们以某些标志来下结论。内在性平面的概念取代了来自康德和胡塞尔的哲学的"先验领域"(关于康德和胡塞尔的论述,参见 *LS*,第 14-17 系列和 *QPh*,第 48-49 页)。

"平面"而不再是"领域":因为平面不是为了一个在领域之外的假定主体,或者在一个从他开始按照知觉领域的模型敞开自身的领域范围内(参见现象学的先验**自我**——反之,主体在所予中或更确切地是在平面上被建构);还因为所有要占据平面的一切都只是从侧面、在边缘上增加或被连接,因为一切在边缘上只是滑动、移位、偏斜(*LS*,15-16、311-312),而且甚至是"临床",不仅在"从一种组织向另一种组织的滑动"的更高的确定意义上,而且在"逐渐的和创造性的解体的形成"的意义上(诉诸德勒兹对反常的定义的东西——参见词条"逃逸线")。平面上的运动与基础的垂直度或过程的直线型形成对立(正是在《意义的逻辑》中,先验领域才开始被视作平面,即便这个词未被宣布出来:*LS*,133;而且深度—表面—高度的三段式——相互作用和相互渗透的物体、事件、形式之间的混合——将在《什么是哲学?》里有区别地在混沌—平面—超越性中被重启或被重复?)。

"内在性的"而不再是"先验的":因为平面并不先于要充满它或填满它的东西,但在经验中被建构、被修改,以便不再有针对所有地点和所有时间谈论经验的先天形式、一般经验的意义(正如人们不再满足于普遍的和不变的时空概念一样)。换言之,这些条件不"比它们所限定的东西更大,并且这就是为什么这样变得极端的批判哲学企图陈述一种真正发生的原则,而不是一种简单的外在条件限定的原则,这种条件限定对其所限定的东西的本性不感兴趣"(福柯的知识型或历史先天性提供了一种有关这种要求的观念,即便思想平面按照德勒兹的观点宁可与作者和作品相关)。

在德勒兹没有很简单地放弃"先验的"类型的话语这一事实

下，人们将看不到矛盾：实在经验（即总是独特的，是与新事物的产生分不开的）的诸条件的必定一般的概念不会与经验一般的假定条件混淆不清。但不可否认存在着一种要解决的困难、一种要完成的哲学转变，因为关键在于思考某种事物的概念，这某种事物从不是一下子也不是永远被给予的，亦不再是逐渐地、一部分接一部分地呈现自身，而是被分化或被再分配的，只有在它自身的变异中才实存（参见"一劳永逸地"与"每一次"之间的对立，*DR*，127-128、157；*LS*，76）。自从德勒兹于1956年发表第一篇文章《柏格森的差异观念》以来，他就为一种从尼采（强力意志）和柏格森（记忆、绵延）那里找到其草样的新概念辩护：一个遵从内部差异的逻辑的概念，就是说其对象在进行区分的每个时刻都是"不改变本性就不进行区分"，但在每次肯定自身时又区别于自身（参见词条"先验经验论"）。因此，人们得到了与经验一起进行分化的经验条件的概念，但并未就此与经验混淆不清，也未通过混淆法与事实来重新连接经验物。这样一种概念不再表达任何普遍之物：因此，德勒兹时而谈论一般意义上的内在性平面，时而谈论由某位哲学家创立的平面。一说到"一个唯一且相同的"（un seul et même）不再表达任何持久的或与自身同一的东西，这的确是一个唯一且相同的平面的诸多变异（《意义的逻辑》特别在只有与自身一起进行区分时才实存的东西的意义上研究"一个唯一且相同的"观念；"共同的"观念接受一种相似的机缘——参见词条"存在的单义性"）。

最后,人们将察觉到德勒兹对"内在性"一词的使用并不是来自胡塞尔,即便它也出现在批判的和非形而上学的提问的框架下:他从斯宾诺莎那里提取出批判哲学反现象学的极端化的工具,通过一种与他多次向其重要性致敬的后康德哲学不无类似的操作。内在性确实变成了"纯粹的"或"针对自身的",取代了这种之于胡塞尔将其变成方法标准的意识的内在性(而且在德勒兹通过解释《物质与记忆》第一章来再次进行这种操作时,这便是为了仿效意向性的著名表达:任何意识都是某种事物,不是关于某种事物的意识——参见《电影 2:时间-影像》第 4 章)。这便是超越解释者将斯宾诺莎的实体的有限样式的逻辑变成经验平面的陈述的权利?不,如果人们考虑到:(1)思考下述内容的各种理由:《伦理学》第 1 部分中独特的实体的概念是在内在性的要求下而不是在相反的情况下被获得的,即从广延性与思想所是的"属性"开始(一方面,"属性"不具有域外;另一方面,"属性"并不在本体论上相互区别,因为"属性"只是一种唯一且相同的实在性的两种表达);(2)身体理论在第 2 部分的演绎过程(该段落在第 13 个命题的附注之后)中的突然插入所导致的语气突变;(3)这种理论明确的伦理范围(参见 IV,第 39 页和论证)。"作者的确必须说我让他说过的一切"(P,15):在玩笑的外表下,哲学史还能希望有一个更严格和更深刻的格言(除非告别哲学)吗?

问题

Problème

    ＊"由于没有看到意义或问题是超命题的,是在本性上不同于任何命题的,人们错失本质性的东西——思考行为的发生、诸官能的运用。"(*DR*,204)"任何概念都诉诸一个问题,诉诸数个问题,如果没有这些问题便不会有意义,而且这些问题本身只有随着它们的解答才会被理清或被理解。"(*QPh*,22)"有人让我们同时相信问题是被现成给定的和问题消失在回答或解答之中;在这双重方面之下,问题已经只能是幽灵。有人让我们相信思考活动与相对于这一活动而言的真与假也只是随着解答的探寻一起开始,只关涉解答。"(*DR*,205)"真正的自由就在一种有关问题自身的决定、建构的权力之中。"(*B*,4)

    ＊＊ 人们将不会忽略问题概念在德勒兹哲学中的重要性以及

他在柏格森之后和在柏格森之上赋予这个概念的精确性。至少在法国,哲学教授们首先向他们的学生们要求"问题式"是寻常事;然而,德勒兹尝试定义"问题式"的地位是罕见的,以至于事物使自身充满了一种入教式的、必然产生其通常恫吓效果的神秘氛围。德勒兹的整个教学法就在于对问题作用的这种方法论的和职业道德的坚持(通过查阅他如今相当大程度上可自由使用的课程的录音或誊录,人们尤其会相信问题作用,参见参考书目):陈述、概念只有根据它们与之相关的问题才具有意义。应该是可陈述的哲学问题不会与论说的寻常的戏剧评论混淆不清,这次反驳同样的、乍一看彼此一样可受理的论文的主题(因为人们所谓的问题因此也只是对一个从天而降的疑问进行的回答的人为模仿)。问题赋予概念性陈述行为的这种意义是什么?这并不涉及命题的直接意指:命题只是与一些与料(或事物状态)有关,这些与料本身的确缺乏定位、辨别原则、允许它们相结合的问题式,即制造意义。问题是敞开意义域和构成概念创造基础的行为:一种新的提问姿态,同时开启一个对最熟悉的东西的非比寻常的角度或关注那些直到那时仍被认为无关重要的与料。当然,每个人都或多或少倾向于承认这一事实;但一件事是接受这一事实,另一件事是从这一事实中得出仅在理论上存在的结论。如果提问是问题的表达,是它的直接可陈述的方面(即便诸疑问偶尔在哲学中仍然是隐含的),那么提问也来自两种同样可陈述的组成成分,而且这两种组成成分的陈述行为在自然史的意义上该由哲学家成为"肖像画家"或"历史学家":在符号体制的定位和区分中的分类学家或临床医生、专家(P,67、186;QPh,55);一方面是由某些"无限运动"的遴选所界定的、新的思想影像(混沌中的新切分、新的思想平面),另一方面是实现它的概念性人物(QPh,第2-3章,尤其是第54、72、78-80页)。

第一个结论:意义域不是普遍的(参见词条"内在性平面"、"存在的单义性")。第二个结论或职业道德方面:在哲学中进行讨论,就是说以那些只是必然从另一个问题的视点和在另一个平面上被理解的异议来反对作者,这完全是徒劳的,只是智力活动的肤浅的或爱报复的部分。既不是交流要被废除也不是思想自给自足——德勒兹的哲学中有"群居性孤独"的整个主题,而是对话只对令人难以应付的、德勒兹与加塔利的合作方式或者对自由交谈的方式有兴趣,自由交谈的简练手法、非连续性和其他混杂能够激发哲学家(D,第一部分;QPh,32-33、132-133、137-139)。第三个结论且最终结论:辩论如果完全来自哲学家的要求,那么辩论仍然隶属于设定问题的基本行为。

* * * 这种设定行为是哲学不可缩减的直觉的部分,即不能说是任意的也不是丧失严密性的东西:只是必然性符合除理性主义(即本身自制的思想)标准之外的其他标准;其严密性符合除有效推理的功效之外的其他功效。有效推理应该再次是一种次要的（即服从的和不随意的）关注的对象。如果有效推理是随意的，那么人们就不当地理解了德勒兹的陈述的论证特点，包括在他的暗示和离题方面中，即便是以《资本主义与精神分裂症》多音的、斑驳的和非连续的形式，或者当有效推理采取一种形成强烈对比的和省略的姿态，就像在那些最后岁月充满紧张氛围的文本中一样（有关作为哲学陈述的实证特点的暗示和离题，参见 *QPh*，28、150-151）。但如果推理的有效性是第一标准，那么整个哲学就有可能陷入显而易见的矛盾，即因为无法察觉整个哲学的意义和必然性而导致的无法证明的悖论。因此，哲学是任意选择，因为这是一回事，即异质合理性的非理性的或奠基性的哲学。非理性的：这个词只有从理性主义的思乡病的角度才能使人害怕或者为令人痛心的混合辩护，就是说从不可能经历根据的圆和不可能只从域外才抓住其必要性的思想的视点，即从与促使人思考的东西的相遇的视点（*PS*，25、118；*DR*，182）。这样一种相遇具有的标准是，思想不得不思考它无论如何都不能再思考的东西，即便思想没有完全准备好的图式来予以重新辨认，没有掌握那可先天地让它将图式设定为对象的形式。在这一点上，哲学被证实不仅与一种本来内在的信仰分不开，而且与一部分非概念的理解分不开，这种理解也是哲学能要求诉诸任何人所凭借的明确的偏见（不满足于一种一般的和含糊的要求，"任何人"在作为交换、按照哲学的标准裁定这种要求时真就给哲学提出了这种要求）。而且哲学无疑真就能给自身提供可能对象的这种普遍形式：哲学因此将给呈现出来的东西披上一件过于宽大的服装，后者将要擦去哲学的奇异性而不是面对哲学的奇异性。这就是为什么思考其自己的行为的思想同时思考"实在经验"的诸条件，即便思想是如此稀少；就是说某种条件与其应限定的东西相称的变化的诸条件，如同不存在可能对象的普遍形式，但存在不可化约的奇异性、不可辨识的侵入，每次沿着"探索性实验"（*QPh*, 44）与之对应的是界定思考是什么的那些特点的一种原初再分配，从而是一种新的问题设定。问题设定不可通过论据来辩护：论据必不可少，但逻辑上内在于问题式。不只如此，如果论据用于展示问题式的一致性，用于在概念之中或从一个概念到另一个概念开辟道路，那么将论据与设定问题的行为区分开来可能是虚幻的：因为论据所确保的融贯性只是否定地来自论据所遵守的逻辑有效性，正如逻辑可能性只是在默认情况下限定所发生之事。显然，如果人们自相矛盾就不会说话：几乎没有兴趣来指出这一点。相反，一个命题为真的条件、一个推理的有效性，就是说论据的信息性的特征，绝不保证论据具有意义或益处，即论据与问题有关。这就是说逻辑视点不保护愚蠢、有效言谈的混沌性冷漠，而有效言谈天天以"信息"的名义挑唆精神：哲学不能满足于逻

70

辑学家的融贯性标准(有关愚蠢作为比错误更基本的思想的否定的质疑,参见 *NPh*,118*sq.*;*DR*,192*sq.*、207、353;*P*,177)。确实,融贯性因此将被概念性成分与严格事件性的本性之间的不可分离性所界定,同时诉诸融贯性展示其理由的、严格形式的视点的确不能确立的问题设定的行为,除了这种视点甚至不要制造问题之外(*QPh*,25、133)。总之,在概念化与论证之间没有真正的差异:关键在于明确和解决问题的同样操作。哲学中不存在对论证的自主的问题式而言的位置。因此,读者能够开始理解德勒兹为什么可以说"概念不是话语的"(或者哲学"不会束缚命题"),尽管"哲学通过句子进行"(*QPh*,27-29)。让我们最终理解德勒兹的立场的意义:非理性主义,不是不合逻辑;或者还是非理性因素的逻辑。"非理性的"一方面诉诸思考行为得以产生的相遇(因此,它是"必然之物"的相关物);另一方面诉诸生成,诉诸任何问题在自身中和在通过它而被理解的无定形的对象中所包含的逃逸线。"逻辑"与符号或症状——在这种情况下与概念——系统的一致性有关,哲学发明这种一致性来回应这种挑战。

块茎
Rhizome

　　* "从有待建构的多重性中减去唯一物；以 n-1 的方式进行写作。这样一个系统可以被称作块茎。"（*MP*,13）"不同于树或根，块茎将一个任意点与另一个任意点连接起来，而且其线条中的每一个线条并不必然诉诸那些具有同样本性的线条，启用极其相异的符号，甚至启用非符号的状态。块茎既不会任凭自身回到一，也不会任凭自身回到多……块茎不是由各统一体而是由各维度构成，或者毋宁说是由运动的方向构成。块茎没有开端也没有结束，而总是有它得以生长和泛滥的中间。块茎构成多重性。"（*MP*,31）

　　* * 这个概念无疑是德勒兹与加塔利所创造的概念中最著名的，始终未被充分理解。只就它而言，它是一篇宣言：一种新的思想影像，这种思想影像注定反对那歪曲思考行为并使我们偏离的

树的长期特权(题名为"块茎"的《千高原》的导论在这本书出版的几年前就分开发表过;这种观念第一次出现在《卡夫卡》中)。不容置辩的是"许多人有一棵被种植在脑中的树"(*MP*,24):问题在于相互寻找根或祖先,确定一种在最遥远的童年时代中的生活的关键,或者还在于使思想专注于对起源、诞生、显像一般的崇拜。传统的谱系学家、精神分析学家和现象学家都不是块茎的朋友。而且树状模型至少理想地使思想服从于一种从原理到结果的进展,有时将思想从一般导向特殊,有时力图赋予思想以根据,使思想永远锚定在真理的土壤上(甚至多媒体的应用如今忙碌着建立一种横贯性的航行,通常满足于一种在内容目录与陷于绝境的各种专栏之间的往复运动)。这种批评在德勒兹那里绝不会排斥人们保持那来自批判性或先验性提问的事实与法之间的区别。这里应该提高警惕:如果先验经验论在于思考那些"不比受条件限制者更广泛的条件",那么这显然不再是把法与原初物、事实与派生物进行比较。但事物可以不一样的方式被表达出来:本身受差异与多影响的起源失去了它先天的、包含性的特点,而多摆脱一(n−1)的影响,变成所谓"多重性"的直接综合的对象;起源今后是指那在"实在的"经验(从不是"一般的"或从不仅仅是"可能的")中首要的东西,对立于再现的诸概念。块茎同时指:不是控制任何思想的起点或首要原则;不是有意义的突出部分,后者因此通过分岔、无法预

72

料的相遇、自新视角以来的整体再评估(将块茎与一种简单的网络沟通——"沟通"[communiquer]——区分开来的东西不再具有同样的意义,参见词条"存在的单义性");不再是在多样性的历程中享有特权的秩序或入口的原则(关于这后两点,参见词条"并合"和上述定义"块茎不是由各统一体而是由各维度构成")。

块茎因此是一种似乎准许一切的反方法——实际上这种反方法准许一切,因为这便是它的严谨性,作者乐意在"审慎"的名义下强调那些逼迫禁欲特点的信徒的意图(*MP*,13、125、342、425)。不要提前判断哪种路径有益于思想,重新开始实验,把仁慈视作原则,最终把方法看作一种不充分的、反对偏见的防御物,因为方法至少保存了这种防御物的形式(第一真理):一种对哲学意义上的严肃的新定义,反对学院精神的清教徒似的官僚主义及其轻浮的"专业性"。此外,这种新的哲学警惕是下述口号的意义之一:"不比受条件限制者更广泛的条件"(另一种意义是条件与经验不同)。至少可以说,坚持这一点并不容易:在这种关系下,块茎是反方法的方法,而且它建构性的"原则"就树和—在思维中的任何残余或任何再引入而言同样是谨慎的规则(*MP*,13-24)。

* * * 思想因此重新开启实验。这种决定至少包含着推论:(1)思考不是再现(人们没有寻找与假定的客观实在性的一致,而

73

是寻找一种实在的效应,后者重新推动生命与思想、改变它们的重要性、将它们推得更远并推到别处);(2)只有在中间才有真正的开端,其中"发生"一词充分地找到了其有关"生成"的词源学意义,但与起源无关;(3)如果任何相遇在人们没有正确地、先天地使某些路径而非其他路径丧失名声的意义上是"可能的",那么任何相遇不会就此被经验所选择(某些组装、某些连接不会产生也不会改变什么东西)。让我们深入研究这最后一点。人们将不会弄错表面上无理由的、块茎方法所吁求的运作,好像问题是为了获得艺术或哲学而盲目地进行任何拼贴,或者好像任何差异按照一种流传的信念都先天地富有繁殖力。当然,希望思考的人应该赞成一部分盲目的、无支持的探索,一种"不由自主的冒险"(*PS*,116-119);而且不管我们的导师的显像或话语如何,这种触觉是最少分享的禀赋,因为我们忍受太多的意识、太多的自制——我们几乎不会赞成块茎。思想的警惕性仍然是需要的,但处于实验的核心:除了前面提到的规则,它还在于区别无孕育物(黑洞、绝境)与孕育物(逃逸线)。在这一点上,思考同时获得必要性与有效性,辨认出那些促使我们思考的符号,因为符号包括我们尚未思考的东西。这就是为什么德勒兹和加塔利能够说块茎事关制图学(*MP*,19-21),就是说事关临床或内在的评估。也许块茎有时被笨拙地仿效、被再现和不被产生，并且为那些无效的装配或枯燥乏味的多言癖充当借口：因为人们相信事物之间只要没有关系就足以有兴趣把事物联系起来。但块茎既是亲切的，也是可选择的：块茎具有实在的残暴，只是达到了那些被决定的效应发生的地步。

迭奏(差异与重复)
Ritournelle（différence et répétition）

74

* "迭奏通向界域性的装配,定居其中或从中逃离。在广义上,表达物质的任何集合都被称作迭奏,它勾勒出一个界域,并发展成界域性的动机、界域性的风景(存在着运动的、姿态的、视觉的迭奏,等等)。在狭义上,在装配是声音性的或被声音'支配'时,人们谈论迭奏——但为什么有这种显而易见的特权呢?"(*MP*,397)"宏大迭奏随着人们离开房屋而响起,即便是为了返回,因为不再有人在我们将要返回时辨认出我们。"(*QPh*,181)

** 迭奏被三种彼此蕴含其中的力本论的严格共存或同时性所界定。迭奏形成一种完整的欲望系统、一种实存逻辑("极端的和无合理性的逻辑")。迭奏展现在两种有点差异的三段式中。第一种三段式:(1)力图重返界域,以便消除混沌;(2)勾勒和栖居那过滤混沌的界域;(3)冲向界域之外或向着与混沌不同的宇宙进行自身解域化(MP,368、382-383;P,200-201)。第二种三段式:(1)寻找一个界域;(2)离开或自身解域化;(3)返回或自身再域化(QPh,66)。这两种阐述之间的差距取决于土地与界域关系的双极性、两个方向——先验方向与内在方向,土地在这两个方向上发挥着它的解域化功能。因为土地既作为这种隐秘的发生地具有价值,界域自然向着这种发生地弯曲,但这种发生地把握自身,倾向于把界域推向无限(这便是一直失去的**故乡**:MP,382、401、417$sq.$——我们在此将想起《反俄狄浦斯》中排斥任何器官的、丰满身体的紧张症的极);土地又作为这种光滑空间具有价值,任何边墙都预设和包含着这种光滑空间,而且后者合法地敞开,导致最封闭的界域本身的不可还原的失稳(例如,《什么是哲学?》第 170-171 页——人们在此将注意到"解域化的土地"这样一种陈述的某种漂浮不定,因为"解域化的土地"时而以混沌界[chaosmos]的名义是合法的,时而处于它与宇宙的关系的影响下,如同在 MP 第 426 页所表述的那样)。迭奏两度名副其实:首先作为返回自身、重新开始、重复发生的痕迹;其次作为三种力本论的循环(自己寻找界域=力图重返界域)。因此,任何开端已经是一种回归,但这种回归总是意味着间距、差异;再域化,即解域化的相关物,从不是一种向着相同的回归。没有终点,只不过有一种回归,但返回在一种正反、双面的关

75

系中被思考,而且人们就是同时离开和返回。从此有返回—离开和使这个对子无限化的两种不同方式:流放的漂泊与无根基的诉求,或者游牧式的移动与域外的诉求(因为**故乡**只是一种含糊不清的域外:*MP*,401)。下述是偏离自我的两种形式:自我的撕裂,我们就像一个异乡人一样不断返回自我,因为自我是迷失的(从**流放**到**故乡**的关系,包含在第一种三段式的第二种时间中);自我的摆脱,人们只有在难以辨认的或变得不可察觉的异乡人身上才返回自我(从**游牧者**到**宇宙**的关系,包含在第二种三段式的第三种时间中)。因此,两个三段式之间不存在不相容,甚至也不存在演化:只有一种重音差异。关键在于作为问题的回归的实存意义(迭奏一词以混合词的方式令人想起**永恒回归**):在返回自身时区别内外的痕迹(界域的创立)做了什么?痕迹陷入你围绕着它散发出其拟像的起源(**故乡**)的疯狂旋转中吗?或者痕迹这样一来就重复它在自身相互区别时所包含和重迭的域外(极限同时是一种筛子)吗?人们从这种逻辑张力中认识到界域的痕迹、标记、符号在哪一点上与迭奏混同起来。回归的两种意义构成"小的"和"大的"迭奏:界域性的迭奏或自身封闭的迭奏、宇宙性的迭奏或沿着符号的逃逸线被卷走的迭奏。而且正是在迭奏的两种状态(小迭奏与大迭奏)的关系下,音乐(*MP*,370、431:"使迭奏解域化")继而是一般艺术(*MP*,175-176)才变得可能。最后,如果概念也隶属于此,那是在概念经历和再经历所有构成它的奇异性(*MP*, 25)的范围内,根据一种时而是永恒的—故乡的(概念因此是先天的、天赋的或者还是模糊记忆的对象),时而是新来临的(概念在内在性平面上被建构:当哲学在解域化本身上勾勒它的界域时)土地(*MP*, 44、67、85)。

前个体的奇异性

Singularités pré-individuelles

* "我们不能接受那同时全都危害心理学、宇宙论和神学的抉择：要么是已经在个体和人称中被占用的奇异性，要么是未分化的深渊。当充满着匿名的和游牧的、无人称的、前个体的奇异性的世界敞开时，我们最终行走在先验领域上。"（*LS*, 125）

* * 奇异性概念的构思来自批判性或先验性的质询的极端化：个体在意义秩序中不是首要的，个体必须在思想中被孕育（个体化的问题式）；意义是游牧分配的空间，并不存在意指的原始划分（意义生产的问题式）。其实，尽管乍一看似乎对于语言与对于再现一样都是最终的实在性，但个体假设了一定数量的奇异性的收敛的发生，这些奇异性规定着同一性得以界定的终结条件：某些谓项被保留，这意味着其他一些谓项被排除。在再现的诸条件中，奇异性因此一上来就是谓项,可归因于主项。不过,意义本身对说教不感兴趣(在变成事物的可能属性["是绿色的"]之前,"变绿"本身是一个事件);从此,意义理应与任何其他事件进行沟通,后者独立于适合或然主体的收敛规则。这样,意义得以生产的平面便充斥着"游牧的"奇异性,后者同时是不可归因的、非等级化的,建构着纯粹事件(LS,65-67、130、136)。这些奇异性之间具有发散或析取的关系,当然不具有收敛的关系,因为收敛已经意味着支配个体性的排除原则:它们只有通过它们的差异或它们的间距才进行沟通,意义与其生产的自由运作的确在于这些多样的间距的历程或"析取综合"中(LS,201-204)。我们所是的诸个体,产生于只知道配对与歧异性的个体化的这个游牧领域——完全无人称的和无意识的先验领域,这些个体如未体验它们的边界的变动,就不会与意义的这种运作恢复联系(DR,327、331)。在这一层次上,每个事物本身只不过是一种奇异性,后者"向着它所经由的谓项的无限敞开自身,与此同时它失去它的中心,即它作为概念或自我的同一性"(LS,204、344-345)。

   * * * 前个体的奇异性因此总是与多重性有关。然而,德勒兹好像在两种可能的处理之间犹豫不决。有时奇异性是指多重性的有强度的"维度"(LS,345;AŒ,369n28、387),并因此也的确可以被称作"强度"、"情动",或者甚至被称作"此性";它们的分布因此

与装配的情动性地图相一致(*MP*,248;*CC*,81),或者还与材料的连续调制相一致(*MP*,457-458、505-509)。有时奇异性在每个维度的层次上被分配,并被从一个维度向另一个维度再分配:这些在柏格森关于记忆的锥体图的每个等级上是"引人注目的点"或者是值得注意的点(*B*,58、103-104),是游牧分配的每次投掷行为的"骰子上的点"(*DR*,255-256;*LS*,75-76),是其分布在微分方程理论中规定解答条件的"奇点"(*DR*,228-230;*LS*,69-70),等等。尽管如此,并不确定这两种处理不会趋向同样的结果。人们将注意到德勒兹毫不费力就从一种奇异性转到数种奇异性,好像任何奇异性都已经是好几种了(*LS*,67、345):这是因为构成多重性的诸奇异性"通过无限多的程度彼此渗透其中",同时每种维度像一种关于所有其他视点的视点一样,这种视点将所有其他视点分布在它的层次上。这便是"作为前个体的奇异性的、作为通过其他强度回归自身的强度的意义"的法则(*LS*,347——析取综合的逻辑)。这种只是按理要求被实现的"并合":因此存在着创造性的投骰子的再分配,只要"彼此之中的诸奇异性的重新开始"在不同"问题"(*DR*,259)或异质系列(*LS*,68)的相遇的条件下被运用。因此就有了一种有关学徒期(*DR*,35、248)与"具有理念"(*DR*,236-258——极难的但其内涵是决定性的文本;可与 *F* 第 90-97 页进行比较)是什么意思的理论:人们的确位于《千高原》将在"关于诸多重性的多重性"的名义下探索的东西的路径上("生成"理论)。

78

析取综合(或者包含析取)
Synthèse disjonctive (ou disjonction incluse)

＊"整个疑问是弄明白析取在什么条件下是一种综合而不是一种分析方法,此方法满足于按照其概念的同一性来排除事物的谓项(析取否定性的、限制性的或排斥性的使用)。只要由析取所规定的发散或去中心变成肯定对象本身,回答就会被提供。"(*LS*,204)"析取变成包含的,一切都分开,但自行分开。"(*E*,59-60)

＊＊(1)通常析取综合被理解为一种复合体,以至于两个命题一旦被给出,此命题或彼命题至少是例子(例如,"天气晴朗或天气寒冷"):"包含的"(inclusive)不具有积极意义,且只是指析取包含着一种可能的合取。没有排斥,但两个命题显然只是在它们的析取得以消除的程度上才不再相互排斥。在严格意义上,任何析取因此都是排斥的:每个项在其中都是对另一个项否定的非联系。

115

由于德勒兹,这种观念具有一种完全不同的意义:非关系变成一种关系,析取变成一种联系。难道这不已经是黑格尔辩证法的原创性? 但这种原创性为了肯定析取本身而反常地依赖否定,且只有通过整体的中介才能做到这一点,同时将否定提升至矛盾(B 是那不是 A 的一切:*DR*,65);因此,只有在其吸收或"和解"的视域下才有甚至上升到无限的析取综合,同时将每个项最终安排在自己的位置上。实际上,甚至对立物或相关项(生与死、父母与子女、男人与女人)并不遭遇一种辩证的联系:"即便是包含的,析取并不封闭在它的诸项上,它反而是不受限制的"(*AŒ*,91——最重要的页码,且用 *n* 种性别的这种理论来阐述这一表达,350*sq.*);析取使每个项进入另一个项,按照一种非对称的相互蕴含的秩序,这种秩序既不变成高级秩序的等同物也不变成高级秩序的同一性。一种对尼采的透视主义的沉思将其肯定的融贯性赋予析取:视点之间的差距,这种差距既是不可分开的也是等同于自身的,因为路径在两个方向上是不一样的(根据尼采的一个著名例子,健康之于疾病的视点不同于疾病之于健康的视点——*LS*,202-204;*AŒ*,90-91)。(2)为什么德勒兹得出的结论是"一切都自行分开"(*AŒ*,19、91;*E*,62;*CC*,139)? 被包含的析取的名称在此就具有肯定意义。假设有生与死、父母与子女、男人与女人的对子;各项在其中具有那只是微分的关系,这种关系是首要的,正是这种关系分配着诸项,它在诸

79

项之间得以确立。意义的考验就在使之联系起来的差距的双重路线中:人们不是没有生成-女人的男人,等等;而且在精神分析看待疾病的地方,这反而是意义或欲望在"无器官身体"之上,在儿童、歇斯底里患者、精神分裂症患者身上发生的充满活力的冒险(*AŒ*,89*sq.*)。对立的诸项每次都具有同样多的视点和针对它们从中得以产生的"问题"的解决案例(状态、世代、性别),且"问题"逻辑上被描述为"内在的差异"或"与自身一起发生差异的东西"的层级(《柏格森的差异观念》,载于 *ID*,43*sq.*;*NPh*,58;*B*,106;*LS*,302)。被提供的例子因为其中的诸项一上来就与相互的预设具有关系,所以是含糊不清的,人们反对这一点吗? 因此,假设有厌食者的析取综合:它们形成一个敞开的系列(说—吃—排便—呼吸),这个系列界定着一个作为器官的嘴的问题,超越有机体赋予嘴的固定功能(*AŒ*,7、46,而且尤其是嘴-肛门的被包含的析取[*AŒ*,388])。不仅如此,正是整体上的自然、生物物种的分岔的多重性才显示出问题的分级或自由沟通,显示出那些归根结底诉诸作为**特指的差异**的单义性存在的、有待解决的划分:"存在的单义性并不意味着有一种唯一且相同的存在:相反,存在者是多样的、有差异的,总是被析取综合产生,它们本身是析取的、发散的,即析取的成分(membra disjoncta)"(*LS*,210——与 *DR*,57)。每种存在因此理应都涉及所有存在,每个概念都向所有谓项敞开:最后不稳定的或混

80

沌的世界是"并合"(*LS*,204、342-345)。(3)从实践的视角看,析取综合是始终派生的分割的悬置、中立、衰竭,自然和社会是我们在促使单义性存在或无器官身体的不可分割的实在性发生分层时所屈从的这种分割:"'要么'(ou bien)想标出那些在不可置换的(可选择的)诸项之间的决定性选择,而'要么……要么……'是指诸差异之间可能发生的置换的系统,而这些差异在它们自身移位、滑动时始终是一回事。"(*AŒ*,18;也可参见 *E*,59-62)。置换的这种运作当然具有一种相对于身份归属的固恋的防卫价值,但恰好以防御生成或欲望过程为目标;一切在此都返回到的相同物"用来说自主发生差异的东西",我们应该理解:自行分开的和并不存在其划分之外的东西(包含析取的原则)。不过,过程针对着一种有关强度的历程,强度远非相等,导致了一种内在评估。析取综合因此终究混同于这种评估,混同于被解释的和可选择的、尼采式的**永恒回归**。如果人们明白"一劳永逸地"回归的实存样式并未被抓住,那么就应该十分细心地理解与其对立的和克服考验的样式的激进性——因为样式显得能"每一次"都回归(*LS*,349)。问题不在于一种改变样式的实存,而在于一种其样式悬置任何样式的实存:其表达式是"生成-任何人"、"生成-不可感知"的一种游牧伦理学的原则(*MP*,342-343)。人们将不会把这种实存看作在寻常的意义上是有壁垒保护的,乃至是静观的,总之它就在于与世界相匹敌,以便在其强度的实在性中体验世界：它反而牵涉最强大的、"机器式的"活力，一种在不由自主的原则下不断对"装配"进行的建构。

    * * * 析取综合（或包含综合）是德勒兹哲学的最主要算子，是在所有概念之间被标记出来的概念。无关重要的是析取综合在所谓逻辑学家的眼里是一个怪物：德勒兹乐意将他自己的工作界定为一种"逻辑学"的设计，他在这一名义下指责制度化的学科在将思维领域局限于认知的幼稚训练时过度缩减思维领域，并由此为令人满意的和迟钝的良知辩护，在良知看来，从经验动摇矛盾律和排中律的一切都是纯粹的虚无，且从中辨识任何东西的任何举动都是徒劳的（*QPh*，第 6 章）。思想家首先是符号体制的临床医生、敏感的辨认者和病人，实存生产符号体制，且实存根据符号体制被生产出来。思想家的事务是建构逻辑对象，这些对象能够说明这种生产，并由此将批判性质疑提高到它最高的悖论点：在那些"不比受条件限制者更广泛"的条件被考虑的地方（这一规划直接导致包含析取的概念）。因此，德勒兹激烈反对非理性主义与不合逻辑性的混同，同时愿意呼求"一种新逻辑，完全是一种逻辑，但不会把我们引向理性"，一种"非理性的逻辑"，"一种极端的，无合理性的逻辑"（*FB-LS*,55;*CC*,105-106）。德勒兹的非理性主义不必遗留一种模糊的、对所有误解和恶意有利的标签。它至少包含着鲜明的、的确也构成"先验经验论"规划的两个方面：对根据的驳斥

（概念的必要性必须从相遇的不由自主的方面被寻找），析取综合或包含析取的逻辑或者还有并合的逻辑（矛盾律和排中律只对派生领域行使它们的裁判权）。

存在的单义性

Univocité de l'être

* "其实单义性的要义不是**存在**以一种唯一且相同的意义被述说,而是**存在**被以一种唯一且相同的意义说及它的所有个体化差异或内在模态。"(*DR*,53)"存在的单义性并不意味着有一种唯一且相同的存在:相反,存在者是多样的、有差异的,总是被析取综合产生,它们本身是析取的、发散的,即析取的成分。存在的单义性意味着存在是**声音**(Voix),存在被述说,并且以存在被述说的一切的一种唯一且相同的'意义'被述说。"(*LS*,210)

82

* * 突出存在的单义性的中世纪论题当然是德勒兹对哲学史做出的最深远的贡献(*SPE*,第 6 章和第 11 章;*DR*,52-61;*LS*,第 25 系列)。其历史包含着三个阶段(邓·司各脱、斯宾诺莎、尼采)的这个论题颠覆了整个本体论,海德格尔也包括在内;既然这个论题

在它的结果中被展现出来,那么它就质疑了存在名称的恰当性。最重要的是它包含着内在性的肯定。(1)单义性是多的直接综合:一只不过用来说及多,而多却像隶属于能够包含一的高级通种一样隶属于一。这意味着一只不过是诸差异(内部差异或析取综合)的微分成分(德勒兹注意到斯宾诺莎的唯一实体还保存着某种相对于其样式的独立性,不过"实体本身应当说及诸样式,且只说及诸样式"[*DR*,59],只由尼采在**永恒回归**的概念中才被实现的颠倒;但在为了再次阅读而回归斯宾诺莎时,他指出身体理论如何在推动纯粹的内在性平面或无器官身体时有倾向性地诉诸一种完全不同于唯一实体的内涵:*ACE*,369n28;*MP*,190-191、310*sq.*;*SPP*,第6章)。然而,频繁出现在德勒兹笔下的 différenciant(分化的/微分的)一词不便于使一个被分开的、居于世界中心的层级假设为其分配的内部主宰,不过这个词显然只是指诸差异的并列或它们的"差距"的多样的和突变的网络(使返回析取综合的原始的或"先验的"平面的事物只作为奇异性或包含着无数其他视点的视点而存在)。(2)多的这种直接综合的必然结果是所有事物在等式的同一个共通平面上的展开:commun 在此具有的意义不再是关于属的同一性,而是关于那些仅仅有差异的存在之间横贯的、无等级的沟通。尺度(或等级)也改变意义:尺度不再是与一种标准相关的诸存在的外部尺度,而是在每个人与自己的极限的关系中内在于每

83

个人的尺度（"一一旦不与其所能做的东西分开，最小的东西也变得与最大的东西相等。"［*DR*,55］——以后从中得出"少数者"的概念［*MP*,356*sq.*］、种族主义理论［*MP*,218］和对儿童的构想［例如，*CC*,167］，"婴儿就是斗争"）。相等与力量的这种伦理学从斯宾诺莎那里被推断出来，但更好地从尼采与他的永恒回归那里被推断出来（*DR*,60、376-389），最终"单义性的**存在**同时是游牧分配与戴着皇冠的无政府状态"（*DR*,55）。有什么意义要保存统一性的观念，这只是以一种多重性的非包含的方式（一之于多的内在性、多的直接综合）吗？这是因为同时不可能是一元论的多元论导致了彼此分散的、冷漠的和超越的诸项的突然出现：差异、新事物、断裂隶属于一种天然的、奇迹般的出现（从无开始的创造，但这种无的力量来自哪里？）。在一点上，单义性的一决定着多在一的不可还原性中的肯定（*QPh*,185）。一切都来源于世界，甚至新事物也是如此，而新事物绝不从过去被获得，这便是内在性的告诫，即内在性从单义性、析取综合与必然包含的潜在等概念的相互关联中显示出来。

　　* * * 存在的单义性的肯定，其始终如一的表达是"本体论是一，形式上是多"（*SPE*,56；*DR*,53、385；*LS*,75），对它的肯定导致了方程式"多元论＝一元论"（*MP*,31）。因此，没有什么东西可以断

定一的至上性。阿兰·巴迪欧[1]支持的这个论题似乎不足以估量这样的陈述，按照这一陈述，存在被用来说及其差异的东西，反之不然，统一性"是多的统一性并只被用来说及多"（*NPh*,97）。而且，被应用于存在者的拟像概念一般是单义性论题的必然结果，这一事实在我们看来绝不会肯定一的至上性。拟像之于存在者的这种应用仅仅意味着存在的词汇在析取综合的领域中对存在从固定的和群体归属的视域所保存的东西而言不再是相关的。因为当德勒兹宣告颠倒柏拉图主义与拟像的普遍上升时，被拟仿的也只不过是同一性，是形式与个体性的封闭式划界，绝不是产生拟像效果的、包含析取或生成的运作："所有同一性都只是被拟仿的"（*DR*,1），"拟像使**相同**与**类似**、原型与摹本下跌到虚假的力量（幻象）之下"（*LS*,303）。德勒兹的哲学中真就只有作为多的直接统一的析取综合的可变动运作或作为"生成之存在"（*DR*,59）被解释的**永恒回归**；不是被取消的一，因为**特指的**差异是唯一的，它直接与自身发生分歧。我们要说德勒兹的哲学中没有被取消的一的一极；有一个一，但这是死亡，是纯粹的和赤裸的、本身所规定的无器官身体。这一极无疑被牵涉进生机和欲望之中，但的确作为使多自行组织或统一的最终拒绝。与死亡的关系是实在的条件，这并不意味着死亡是实在和生成只是实在的拟像（这一错觉多次在《千高

---

1 参见词条"多样性"的脚注。

原》中被强调为内在于欲望的冒险）。意味深长的是，只是在德勒兹的概念之中，拟像在《意义的逻辑》出版后就完全被抛弃了（人们只有在"**故乡**"中才能寻到它的痕迹：参见词条"迭奏"）。有两个理由可以被提出来：拟像赞同太多的模棱两可，但尤其是拟像还具有一种对"戴着皇冠的无政府状态"的否定性展示的性质，因为一切都转向对同一性生产的或派生的性质的批判性论证。尽管位置是空虚的，但位置是被生成概念包围的。

非有机的生命（或生命力）

Vie（ou vitalité）non-organique

* "符号、事件、生命、生机论之间有着深刻的联系。这是非有机的生命的力量，即在绘画、写作或音乐的线中可能有的力量。死亡的是有机体，不是生命。没有作品不指出生命的出口，不勾勒路面之间的道路。我所写的一切都是生机论的——至少我希望如此，并建构了符号与事件的理论。"（*P*,196）

85

* * "生机论"一词很少以概念的严谨性被应用。像任何人一样，哲学家们有他们不太辉煌的时刻，他们在这些时刻发现但不认可这样的兴趣：培育一种属于他们的信念、保持某些词的模棱两可，以便能够将这些词作为下流的专利抛给敌对者的修辞格。因此，德勒兹自己既然不断地依仗他的生机论，为什么不予以揭露？在这种次哲学的操作中，决定性的不是知道人们谈论什么。当有人援引生机论时,就多少参考了两件事情:一是在一种避开解释的任何真正努力的神秘中参考 18 世纪博物学的某种误入歧途("生命原则"作为生物的最后理由的假设);二是参照欧洲 19 世纪末以不同方式宣传的生命力的崇拜,而且某些政治运动今后依仗这种崇拜,法西斯主义也要依仗这种崇拜(在生命与被认为退化的力量之间的斗争中诉求种族、民族或个体的天赋和生命的高级权利)。对自发性观念的拒绝,即欲望机器的理论的必然结果,应该足以使德勒兹对"生机论"一词的用法的任何暗示性利用淹没在滑稽可笑中。为此,真应该关注一项哲学计划。人们从不会在德勒兹哲学中找到一种生命一般(vie en général)的概念。如果他对尼采的"强力意志"的观念感兴趣,如果他最终将这种观念与柏格森的记忆-绵延等同起来,那么这首先是因为他从中得出被微分的-可微分的特点,这一特点拒绝求助于作为超越价值的、独立于经验的生命,这种生命先于具体的和超个体的形式而存在,它在这些形式中创造自身(NPh,第 2-3 章,尤其是第 56-59、114-116 页; IT,179-192)。因此,不存在生命一般,生命不是一种未分化的绝对,而是一种有关生存的异质的、根据评估类型可编索引的诸平面的多重性,而评估类型支配或激活这些平面(肯定价值与否定价值的分配);而且这种多重性横贯诸个体,而不是它使诸个体相互区别(或者还有一点:诸个体只有根据主导每个个体的生命类型才被区别开来)。其

86

次，德勒兹在这个概念中探寻一种可超越以超越价值为基础的道德与虚无主义的或相对主义的道德缺失之间的抉择的问题式，这种道德缺失借口超越价值的虚假性来得出"一切都具有同样价值"的结论。更确切地说，我们应该区分相对主义的两种形式，其中一种形式只是虚无主义的："这不是真理随着主体发生的变化，而是变化的真理得以向主体显现的条件"（*Le pli*，27）。一方面是肯定真理取决于每个人的视点，另一方面是说真理的确与某个视点相关，但所有视点都没有就此是相等的。但在任何可以估量域外要求的客观标准缺失时，一个视点如何窃取这种优越性？通过明确接受这个条件，并因此提出有关视点的一个内在性评估或限定每种实存样式的诸评估的问题（*SPE*，247-249；*IT*，184-185；*QPh*，72；*CC*，第 15 章）。实存样式是优越的，它在于诸实存样式的相互检验，或者它被用来使诸实存样式在彼此之中产生共鸣。差距或全部被检验的差距与在其中实现的内在性选择是真实的。这意味着真理就是创造，不是在上帝可能把真理变成另一个东西（笛卡尔）的意义上，而是在真理与视角相关的意义上，即一个思想家或一个艺术家懂得如何利用视角来面对实存样式和可用价值系统的变化（*IT*，191）。但问题重新提了出来：赋序诸视点的某种视点在哪个方面优越于其他视点？我们甚至在哪个方面肯定诸视点在体验中被赋序？因为创造性的实存样式是敞开的唯一者、自身问题化和作为问题实存的唯一者？这个回答很可能重新引入目的论和危害内在性的条件。那么我们应该问为什么最终思考比不思考更好。德勒兹的回答是思考是更有强度的。此处浮现于脑海中的反对意见将被谨慎地掂量：当然，正是在体验中我们才得知情动（我们应该理解的是：任何情动性被动摇和被再分配所经由的异质物或域外的相遇）之于寻常情感的、有强度的优越性，但这在一个最终陈述的外表下还不是判断的外在标准（超越价值［强度］被伪装的再引入，由此加上了内在性评估规划的失败的印记）？最终强度是一种内在标准，因为我们的官能的自行肯定与对新事物、出口、情动的肯定相一致，并由此将强度——不管伴随强度的恐惧如何——规定为快乐。

　　＊＊＊ 德勒兹从此能更特别地把生命或生命力不称作生命形式的多重性，而是称作这些形式中间的多重性，其中生命（我们的官能的训练本身）自称：一种悖论性的形式，其实更接近无形式。还有就是我们承认一种来自尼采的灵感，而且我们应该再度肯定（尽管是以另外的方式）生命或生命力一般的概念在德勒兹哲学中的缺失：一方面，因为生命正如他所构想的那样始终且不可分开地是非有机的生命（或者还是非人称的生命，参见 *LS*,177；*D*,61；等等）；另一方面，因为非有机的生命力的本义既然是它的创造性并因此是它的不可预见性（当然不是一个天然的或原始的、足以使之

外露的宝藏），那么人们就会徒劳地探寻它的标准形式（即便没有任何东西阻止人们通过艰难地、悲伤地仿效德勒兹必然给生命力提供的影像来提出非有机的生命力，但影像也是"无影像"；就像有可能在没有块茎式灵感的阴影下崇敬块茎一样）。非有机的生命：来自沃林格的表达（*MP*, 619-624；*FB-LS*, 34、82；*IM*, 75-82）是被那来自阿尔托的"无器官身体"概念（*FB-LS*, 33-34；*CC*, 164）和柏格森的思想（*IT*, 109）所多重决定的。让我们在此细想一下那从柏格森突显出来的内容："作为运动的生命在它引起的物质形式中异化自身"（*B*, 108），生命是创造，但生物是终结和再生产，以致生命冲动（如同绵延一样）在每个时刻分解为两种运动：一是在物种或有机体形式中进行的分化–现实化的运动，另一种是生命冲动作为总是向它的每种分化敞开的潜在总体而被重新开启所经由的运动；因此，"并不是整体以有机体的方式关闭自身，而是有机体向着整体且以这个潜在整体的方式敞开"（*B*, 110）。因此，正是通过拒绝将生命限制在成形的生物的范围中，并由此拒绝以组织界定生命，横贯生物的演化的或创造的趋向才能超越机械论和目的论的令人不满意的抉择而被思考。当然这种拒绝或者导致生命以物质的差别原则的形式呈现自身，或者导致把物质本身构想为生命，而不是——人们将会理解——在主导灵魂居住其中时只显示出那不能摆脱作为组织或作为被建构的主体性的生命影像的东西，而是将

88

生命称作物质的匿名的创造活动,物质在生命演化的既定时刻变成组织:这第二条道路导向对一种完全非有机的生命力的构想。这里没有术语的幻想,还没有——除非避开逻辑推理,除非被信念的控告扰得不得安宁——神秘的幻影;让我们再说一遍,对生命的这种再定义关键在于思考成形的生物在哪个方面过分针对它自己的组织,演化在哪个方面贯穿它和超出它的范围(它的逻辑只能否认达尔文主义的逻辑,并与之进行竞争——人们明白德勒兹在他对生成的研究中特别思考了互惠共生或共同演化的例子,如三叶草与熊蜂、胡蜂与兰花,演化论并不会给它们提供令人满意的解释:参见 *MP*,17)。最后,如果生命应该在组织方面设想为自然的纯粹创造,那么在其超越组织的祈求中不必怀疑最起码的隐喻——精神生命与思想创造。其实任何过程都从属于非有机的生命,只要任何过程并不会重新导向一种被建构的形式,而是逃离这种形式,向着其他草图而勾画一种新形式,只是为了已经溜到别处:此处所谓的"生命"并不取决于诸元素的本性(物质形成、心理形成、艺术形成等),而是取决于将诸元素引向新门槛的相互解域化的关系(例如,组织是一种被物质跨过的门槛——或者说为了极端简化;而且在胡蜂与兰花的关系中,人们将考虑"生成聚块"的非有机的生命,后者夺去它们的有机化生命的两种形式,促使它们相互交错,直至跨过一道它们在其中相互预设的生存门槛)。非有机

89

的生命是德勒兹的概念的一个典型例子，它不可简化为对一个专有领域的确定，它由此能接受一种字面上的用法，不管被涉及的领域如何，而且能接受一种"横贯的"用法，这种用法在一种无差别的字面性中配合任意领域的多重性，即使这些领域是异质的。从此我们接近德勒兹与加塔利关于自然的构想，这种构想不再承认自然物与人工物的断裂；我们接近内在性平面的概念；最终我们自然在与无器官身体的关系的条件下接近被思考的身体体验。

潜在

Virtuel

　　* "潜在并不与实在对立,而只与现实对立。潜在只要是潜在的,就具有一种充分的实在性……潜在甚至应该被界定为实在对象的一个最低限度的部分——仿佛对象在潜在中具有自身的一部分,而且像陷入一种客观维度之中一样陷入其中。"(*DR*,269)

　　* * 为什么德勒兹的思想祈求潜在? 潜在是对未被给予的东西的坚持。只有现实才是被给予的,包含在可能物的形式下,就是说是在作为实在的划分法的抉择的形式下,实在一上来就把可能物的某个领域指定给我的体验。但是,潜在不是被给予的,这并不意味着潜在是在别处或为了可能物的另一个领域:这也许是可能物作为被他人表达的世界的另一种意义,就是说作为知觉的、智性的、生命的视点——不同于我的视点;或者还有必要物的超越形式

下或无处不在的、总体化的视点下的可能物,人们以古典理性主义方式再现被上帝占据的这个视点,上帝静观着永恒真理的现实的无限,或者作为以结构主义方式再现的持续的匮乏和缺席。存在着潜在,因此这首先意味着一切不是被给予的,也不是可给予的;其次,这意味着所发生的一切只是起源于世界——内在性与相应信仰的条款(相信这个世界"就如同相信不可能物",就是说相信它的创造性潜能或相信可能物的创造:*IT*,221;*QPh*,72)。求助于这个范畴,因此不能用下述这点来解释,即人们不知道何种来自世界之外或被伪装的天国的唯灵论的诱惑:对实在的基本误解确实在于从中看到一种来自另一种类型的现实性,因此在于将潜在与潜在通过定义要摆脱的东西(超越性)混淆起来。潜在是通过努力给哲学配备一套能够给内在性观念赋予融贯性的逻辑工具而被解释的。

    * * * 这就是为什么不应该从唯一的现实化过程来研究潜在:读者想将潜在解释为所予从中产生的实在的原始状态。而且,即使《差异与重复》第 5 章的阐述方式支持这种印象,但与《差异与重复》最清楚的论题相矛盾(与《千高原》相反,《千高原》将改写与实在经验相关的胚胎学主题,且将以更清晰的方式肯定卵子与生命各个阶段的同时性,参见《千高原》第 202-203 页,且此处甚至可以参见下文)。总之,潜在从《差异与重复》的第 2 章开始就被引入

经验思维(即所予)的清晰视角中(*DR*,128-140)。如果没有潜在本身的经验,既然潜在也未被给予且不具有心理学意义上的实存,那么批判哲学就反而在建构一方面是现实的与另一方面是潜在的实在时给所予讨回公道,尽管批判哲学拒绝将先验物的形式移印到经验物的形式之上,并由此拒绝给所予确定已经所予(déjà-donné)的形式,作为可能经验的普遍结构。正是在这一意义上,只有在现实化的道路上才有实在,就是说才有相遇,而且不仅有提前作为可能物著称的对象;如果潜在没有自为地被给予,那么纯粹的所予在实在经验的内在性平面上取决于潜在,内在地牵连着潜在。这就是为什么现实化的过程在逻辑上与晶体化的相反运动不可分,而晶体化给所予恢复其潜在性的不可还原的部分。

如果我们现在问整个世界根据什么原则既是未被给予的也是可给予的,答案就在对可能物的虚假的-原始的地位的驳斥之中:世界的历史,像生命的历史一样,被再分配(或事件)所标记,后者使可能物的领域复数化,毋宁说在彼此不共可能的领域中强化可能物的领域。这些再分配当然是可推定日期的,但不可能适应一种持久的、与世界时间同外延的现在的连续性(关于日期的新意义,参见 *P*,51-52)。没有意义可用来说这些再分配是更迭的,只有时空实现(或事物状态)才是更迭的,当人们抽象地从一种与经验的实现相关的"补充性维度"出发来考虑时空实现的时候;就是说同时使时空实现与其相关的被规定的可能物领域分离,忽略它们的潜在部分,以便将它们当作纯粹的现实性。可能物领域的派生特点导致对多样的时间性、多维的时间的肯定——对一种比编年学更深刻的时间非编年学的实在性的揭示(参见词条"时间晶体")。这是把外部性置于时间之中,但时间的域外不再是永恒物的超历史性,甚至是以解释学的内在论的表面形式,解释学至少保持人类意识的连续性,并由此保持常识的连续性;时间的域外变得内在于时间,同时多样地将时间与自身分开。整体因此只有通过时间的异质性维度的综合才能被思考,由此就产生了潜在的基本上是短暂的意义。正是这种综合使我们看见"晶体";换言之,正是这种综合才在任何生成中至关重要。

其他一些援引的概念

与当代思想的其他形式的对照

图书在版编目(CIP)数据

德勒兹哲学词汇／（法）弗朗索瓦·祖拉比什维利著；
董树宝译. -- 重庆:重庆大学出版社,2024.5
（思想家和思想导读丛书）
ISBN 978-7-5689-4434-2

Ⅰ. ①德… Ⅱ. ①弗… ②董… Ⅲ. ①哲学—名词术
语 Ⅳ. ①B-61

中国国家版本馆 CIP 数据核字（2024）第 066800 号

德勒兹哲学词汇

DELEZI ZHEXUE CIHUI

[法]弗朗索瓦·祖拉比什维利　著
董树宝　译

策划编辑:张慧梓
特约策划:邹　荣
特约编辑:邹　荣
责任编辑:张慧梓
责任校对:邹　忌
责任印制:张　策
书籍设计:张　晗

重庆大学出版社出版发行
出版人:陈晓阳
社址:(401331)重庆市沙坪坝区大学城西路 21 号
网址:http://www.cqup.com.cn
重庆市正前方彩色印刷有限公司印刷

开本:890mm×1168mm　1/32　印张:5　字数:97 千　插页:32 开 2 页
2024 年 5 月第 1 版　　2024 年 5 月第 1 次印刷
ISBN 978-7-5689-4434-2　定价:38.00 元

Le vocabulaire de Deleuze, by François Zourabichvili, ISBN：9782729812911

Copyright © Ellipses Édition Marketing S. A., 2003

版贸核渝字(2016) **第** 221 **号**